Gerhard Mangott
Der russische Phönix

Gerhard Mangott

Der russische Phönix

Das Erbe aus der Asche

www.kremayr-scheriau.at

ISBN 978-3-218-00790-0
Copyright © 2009 by Verlag Kremayr & Scheriau KG, Wien
Alle Rechte vorbehalten
Schutzumschlaggestaltung: Kurt Hamtil
unter Verwendung eines Fotos von iStockphoto.com/Graeme Purdy
Typografie und Layout: Ekke Wolf, typic.at
Grafiken: Vor- und Nachsatz, S. 183: Werner Berghofer;
alle anderen Grafiken: Gerhard Mangott
Druck und Bindung: GGP Media GmbH, Pößneck

Inhalt

Einleitung	9
Russland: Staatliche Strukturen, wirtschaftliche Reform und soziale Krise	**13**
Die Zeit des Umbruchs	*15*
Jelzins Aufstieg	17
Die Verfassung Russlands	*20*
Der Streit um eine demokratische Verfassung	20
Jelzins Putsch	22
Die heutige Verfassungsordnung Russlands	24
Die Zähmung des Alleinherrschers Jelzin	30
Jelzins Ende	33
Die wirtschaftlichen und sozialen Folgen der radikalen Reformen	**35**
Russlands demografische Entwicklung	38
Geburten- und Sterberaten	39
Die Mängel des Gesundheitswesens	41
Die Probleme Russlands in den 90er-Jahren	**43**
Raubprivatisierung und die Verfilzung von Politik und Wirtschaft	**45**
Der Verfall der russländischen Streitkräfte	**50**
Das harte Los der Rekruten	51
Militärausgaben	53
Das Arsenal der russländischen Streitkräfte	55
Die geplante Militärreform	57

Tschetschenien: die Tragödie einer verlorenen Generation	**60**
Die Islamisierung des Widerstands	63
Ein Vernichtungsfeldzug	66
Islamistischer Extremismus und Terrorismus	68
Auf der Suche nach einer Lösung	72

Die Putin-Ära   77

Die Ablöse Boris Jelzins durch Vladimir Putin	**79**
Putins Karriere	80
Die wirtschaftliche Entwicklung Russlands in der Putin-Ära	**84**
Ursachen des Wirtschaftswachstums	84
Die sozialen Auswirkungen	88
Die makroökonomische Bilanz der Ära Putin	90
Inflationsbekämpfung	94
Vladimir Putins Beliebtheitswerte und seine Stabilokratie	**95**
Der gestraffte Sicherheitsapparat	97
Die Männer rund um Putin	100
Putins Männer in den großen Wirtschaftsunternehmen	104
Die liberalen Technokraten	105
Bausteine der Stabilokratie	**109**
Die Bildung der Staatspartei »Geeintes Russland«	113
Der Niedergang der »alten« Parteien	115
Die Zurückdrängung der liberalen Fraktionen	121
Das regimekritische »Andere Russland«	127
Die Ausschaltung des Medienpluralismus	129
Die Macht über die Fernsehsender und Zeitungen	130
Zerschlagung der Macht der Oligarchen?	**134**
Eine Bewertung der autoritären Herrschaftsordnung	**137**
Der Nachfolger: Dmitrij Medvedev	**139**
Die Kronprinzen	140
Die Wahlen zur Staatsduma 2007	143
Die Präsidentenwahlen	146

Der neue Präsident	148
Medvedevs Gefolgsleute	149
Medvedevs Gegner	151
Medvedevs Reformpläne	152
Das Duumvirat	**155**
Die Finanzkrise. Ein Phönix im Abwind?	**161**
Die vielen Ursachen der russländischen Krise	161
Machtpositionen und Konfliktherde	**167**
Energiewirtschaft und Energiepolitik	**169**
Der russländisch-ukrainische Gasstreit	169
Öl- und Gaslieferungen in die EU	173
Energie für den russländischen Eigenbedarf	177
Die Zukunft	179
Russländische Interessen am Erdgas anderer Länder	185
Russländische Ölexporte auf den Weltmarkt	187
Die Krise der strategischen Rüstungskontrolle	**190**
Raketenabwehranlagen – *Ballistic Missile Defence*	193
Der russländisch-georgische Krieg im August 2008	**198**
Die Sezession Abchasiens und Ossetiens	198
Die georgischen Interessen	201
Eskalation und Krieg	202
Die strategischen Ziele Russlands	206
Die Reaktionen der NATO, der EU und der USA	208
Völkerrechtliche Fragen	211
Nachwort	**213**
Stichwortverzeichnis	**217**

Einleitung

Es mag wagemutig erscheinen, angesichts der massiven wirtschaftlichen und finanziellen Krise, die Russland seit Herbst 2008 erfasst hat, ein Buch über den Aufstieg Russlands zu schreiben. Nach neun Jahren ungebrochenen wirtschaftlichen Wachstums, steigender Realeinkommen, dem radikalen Abbau der Staatsschulden und enormen Währungsreserven zeichnet sich nun ein deutlicher Einbruch ab. Wäre es daher nicht zutreffender, von einem russländischen Ikarus denn von einem Phönix zu sprechen?

Die makroökonomische Krise zeigt deutlich, wie anfällig die russländische Volkswirtschaft noch immer für externe Schocks ist: zum einen die globale Finanzmarktkrise mit einer drastischen Absenkung der Liquidität im russländischen Bankensektor, zum anderen die Volatilität der Weltmarktpreise für Energieträger und metallurgische Produkte. Die Anfälligkeit Russlands ist sicher auch das Ergebnis makroönomischer Fehlentscheidungen der letzten Jahre: Es rächt sich nunmehr, dass nur zögerlich versucht wurde, die Volkswirtschaft zu diversifizieren.

Dieses Buch aber ist keine Momentaufnahme. Es will vielmehr die großen Linien der Entwicklung Russlands seit 1991 nachzeichnen; es will deutlich machen, welche dramatischen, geradezu existenziellen Krisen Russland durchlebte, wie stark soziale Kohäsion, wirtschaftliche Stabilität und legitime politische Führung im nach-sowjetischen Russland eingebrochen sind.

Gemessen an der sozialen und humanitären Katastrophe, die als Ergebnis einer unzulänglich durchdachten wirtschaftlichen und finanziellen Reformpolitik der frühen Jelzin-Jahre auszumachen war, gemessen an der politischen Führungskrise des vielfach überforderten und kranken Präsidenten Jelzin, gemessen am Verlust einer einflussreichen Rolle Russlands in der internationalen Politik in der Ära Jelzin ist Russland seit 1999 auf einem Pfad der, wenn auch bisweilen langsamen, Erholung.

Der mythische Phönix ist ein Wesen, das verbrennt, um aus seiner Asche neu zu entstehen – eben noch zerstört und verblichen, erwächst der mythische Vogel zu neuem Glanz. Russland war in den neunziger Jahren tatsächlich in einer existenziellen Sackgasse, aus der sich das Land durch eine entschlossene Führung und durch günstige makroökonomische Rahmenbedingungen befreien konnte. Anders aber als der antike Phönix, der aus der Asche in strahlendem Glanz emporsteigt, hat das Gesicht des russländischen Phönix auch hässliche Züge, aggressive Klauen und bisweilen eine gefährliche Flugbahn.

Das Buch wird daher nicht nur die Ursachen des Niederganges und die Umstände der machtvollen Rückkehr Russlands untersuchen, sondern auch deutlich machen, welche Kosten an bürgerlicher Freiheit, rechtsstaatlicher Kontrolle und demokratischer Teilhabe damit verbunden sind. Anders als der mythische Phönix ist der russländische Phönix an vielen Stellen noch mit Asche beschmiert, die nur zögerlich abfällt, Asche, die es dem Phönix erschwert, aufzusteigen, und ihn auch immer wieder niederdrückt.

Dieses Buch ist mit Empathie für die russländischen Bürger, die kulturelle und spirituelle Kraft der russländischen Gesellschaft geschrieben. Dies verstellt aber nicht den Blick auf die Niederungen und hässlichen Merkmale der Entwicklung des Landes nach dem Zusammenbruch der UdSSR. Ganz besonders aber will das Buch dem Leser ermöglichen, sich aus der Fülle der dargebotenen Informationen eine eigene Einschätzung und Wertung der russländischen Lebenswirklichkeit zu bilden.

Russland: Staatliche Strukturen, wirtschaftliche Reform und soziale Krise

Das unabhängige Russland wurde auf einem Ruinenfeld errichtet: Viele Bausteine der alten Ordnung waren zerfallen, einige davon auch unbedacht zerstört worden. Rasch wurde deutlich, wie viel schwieriger der Aufbau eines Staates ist als seine Demontage. Rasch fällt einem der russländische Aphorismus ein: »Es ist leicht, aus einem Fisch eine Fischsuppe zu machen; umgekehrt ist es viel schwieriger.«

Wie sehr der neue Staat um eine (neue) Identität gerungen hat, welche Machthaber an die Spitze drängten und wie sie ihre Macht durch eine restriktive Verfassung festigten, zeigt sich im Kapitel »Zeit des Umbruchs«. Daran schließt sich eine Analyse der wirtschaftlichen Reformen an, die in den Anfangsjahren des neuen Staates eingeleitet wurden. Darin wird auch deutlich, zu welchen erheblichen und dramatischen sozialen Verwerfungen diese geführt haben.

Die Zeit des Umbruchs

Russland war im Dezember 1991 kleiner geworden, zurückgeworfen auf die Grenzen, bis zu denen Zar Peter der Große (Pjotr Velikij) die zaristische Herrschaft ausgedehnt hatte. Die slawischen Kernländer Ukraine und Belarus hatten sich aus der sowjetischen Erbmasse in die Unabhängigkeit geflüchtet. Dies schmerzte die russische Identität sehr viel mehr als der verlorene Zugriff auf den südlichen Kaukasus und die zentralasiatischen Staaten, die zuletzt ohnehin mehr als finanzielle Bürde denn als Stütze angesehen worden waren. Die Loslösung der »slawischen Brudervölker« war ein immenser Verlust für die staatliche Identität des neuen Russland. Offen war nun, wie sich Russland definieren sollte, die Heimat welcher Bürger der neue Staat nun war.

Das nationalistische Lager war nicht bereit, die neuen Grenzen Russlands zu akzeptieren. Die Grenzlinien, die innerhalb des sowjetischen Unionsstaates gezogen gewesen waren, wurden als artifiziell angesehen, als Verwaltungsgrenzen, die niemals als Staatsgrenzen aufgefasst worden wären. Gefordert wurde daher eine Revision der Grenzen zwischen den Staaten, die aus der zerfallenen Sowjetunion hervorgegangen waren. Dabei verwiesen russische Nationalisten vor allem darauf, dass 25,8 Millionen ethnische Russen sich plötzlich außerhalb der Grenzen Russlands befänden. Beinahe 70 Prozent davon siedelten in der östlichen und südlichen Ukraine und in den nördlichen Grenzregionen Kazachstans. Da diese ethnischen Russen vor allem in

Regionen siedelten, die direkt an den Grenzen des neuen russischen Staates lagen, forderten russische Nationalisten deren Eingliederung in das neue Russland. Russland sollte damit zum Nationalstaat der ethnischen Russen werden.

Ein neues Grenzregime entlang ethnischer Zugehörigkeiten hätte aber verheerende Konsequenzen nach sich gezogen: War das Auseinanderbrechen der Sowjetunion mit Ausnahme der südkaukasischen Region gewaltlos verlaufen, hätte das Ziehen neuer Grenzen wohl in zahlreichen militärischen Konflikten geendet.

Aber nicht nur dieser Faktor stand dem Ansinnen der russischen Nationalisten entgegen. Dazu kam der Umstand, dass das neue Russland selbst ethnisch heterogen war. Die ethnischen Russen stellten 1989 80,5 Prozent der Bewohner des Landes. Ein Fünftel der Bewohner aber waren Ukrainer, Belorussen, Tataren, Baschkiren und andere Völker. Wenn die Nationalisten Russland daher zur Heimstätte der ethnischen Russen in neuen Grenzen machen wollten, stellte sich die Frage, warum dann nicht auch nicht-russische Völker Anrecht auf staatliche Selbstständigkeit haben sollten.

Letztlich hat sich daher die Einsicht durchgesetzt, Russland nicht als Nationalstaat der ethnischen Russen, sondern als Staatsnation zu verstehen, das die Bürgerschaft ohne Ansehen der ethnischen Zugehörigkeit gewährt. Dies schlug sich dann auch im Staatsnamen wider: Russland wurde zur *Rossijskaja Federacija* und verwehrte sich dem Konzept der *Russkaja Federacija*. Die russische Sprache trennt zwischen der russischen Ethnizität (*russkij*) und der staatlichen Identität (*rossijskij*). In der deutschen Sprache wird dieser Unterschied in den Begriffen »russisch« und »russländisch« deutlich, die in diesem Buch auch dementsprechend verwendet werden.

Für die Bürger Russlands aber war die Suche nach der staatlichen Identität gänzlich irrelevant, die Bürger waren damit beschäftigt, ihr tägliches Überleben zu sichern. In den vorangegangenen Jahren hatte sich die soziale Lage verschärft: Das Warenangebot in den staatlichen Geschäften war drastisch zurückgegangen, es fehlte zuletzt auch immer wieder an vielen Grundnahrungsmitteln; Güter des täglichen Gebrauchs waren in den Läden noch seltener zu finden. Immer mehr Waren wurden von Schwarzhändlern vertrieben, allerdings zu immer stärker steigenden Preisen.

Jelzins Aufstieg

Die Hoffnung auf einen Ausweg aus der wirtschaftlichen Krise und dem sozialen Elend verbanden viele Bürger mit der charismatischen Person von Boris Jelzin. Jelzin – 1931 in der Region Sverdlovsk geboren – war lange gehorsamer kommunistischer Funktionär in der Provinz gewesen. Gorbatschow holte ihn 1986 nach Moskau und ernannte ihn zum Vorsitzenden der Kommunisten in der Hauptstadt. Der sibirische Funktionär nutzte sein Amt zu öffentlichkeitswirksamen Auftritten, suchte die Nähe zu den Bürgern; seine Amtsführung aber war bisweilen erratisch. Rasch wurde er zu einem offenen Kritiker Gorbatschows, dem Jelzin vorwarf, die Reformen zu zögerlich und zu wenig radikal voranzutreiben. Der Vorwurf war nicht gänzlich unberechtigt. Gorbatschow musste aber auch Rücksicht auf die konservativen Kräfte in der kommunistischen Führung nehmen, war nicht gänzlich frei in seinen Entscheidungen. Als Jelzin ihm »Personenkult« vorwarf, wurde er aus der Führungsriege verbannt. Diese Demütigung hat Jelzin Gorbatschov nie verziehen; daraus entstanden bitterer Hass und die Suche nach Vergeltung.

Jelzins Rückkehr zur Macht gelang durch die Unterstützung der demokratischen Bewegung in Russland, die sich in der Dachorganisation »Demokratisches Russland« zusammengefunden hatte. Die durch Massendemonstrationen in Moskau erzwungene Änderung der russländischen Verfassung ermöglichte Jelzin die direkte Volkswahl zum Präsidenten Russlands im Juni 1991. Jelzin verdankte den Wahlsieg aber auch dem russisch-nationalistischen Wählersegment, das er durch seinen Kandidaten für das Amt des Vizepräsidenten, den in Afghanistan verwundeten General Aleksander Ruckoj, mobilisieren konnte. In seinen Stab als Präsident hat Jelzin aber keinen der führenden demokratischen Aktivisten berufen, sondern Vertraute aus seiner Zeit als kommunistischer Parteisekretär im Ural. Weder der Leningrader Jurist Aleksandr Sobčak, noch die Ethnologin Galina Starovoitova, die 1997 ermordet wurde, oder der Historiker Jurij Afanassjev, Galionsfiguren von »Demokratisches Russland«, wurden in die russländische Führung berufen.

Es gibt berechtigte Zweifel, ob Jelzin tatsächlich zu einem überzeugten demokratischen Reformer geworden war; möglicherweise hat er die russländische Demokratiebewegung nur als Hebel benutzt, um an die Macht zurückzukehren. Jelzin war vor allem ein machtorientierter Stratege, dessen Agenda mehr durch eine antikommunistische Ideologie denn durch demokratische Werte bestimmt war. Seinen Austritt aus der kommunistischen Staatspartei 1990 nutzte er, um sein Image als Kämpfer gegen die Nomenklatura zu stärken; seine Forderung nach mehr Autonomie für

Russland innerhalb der Sowjetunion (die wesentlich seinem Ziel, deren Präsidenten Gorbatschov zu schwächen, geschuldet war) zielte darauf ab, als russischer Nationalist anerkannt zu werden. Jelzin war aber unbestritten ein charismatischer Politiker, der emotionalisieren, mobilisieren, aber auch polarisieren konnte. Als charismatischer Führer verzichtete er darauf, eine eigene, präsidententreue Partei zu gründen; über den Parteien zu stehen, war sein dringlichstes Ziel.

Die russländischen Bürger hatten mit der Wahl Jelzins hohe Erwartungen verbunden. Ihm wurde zugetraut, Russland aus der wirtschaftlichen und sozialen Krise zu führen. Jelzin selbst war mit ordnungs- oder finanzpolitischen Fragen, mit einem wirtschaftlichen Grundverständnis völlig unvertraut. In dieser Hinsicht hat sich Jelzin gänzlich auf seine Berater verlassen – vor allem auf junge, in praktischer politischer Arbeit unerfahrene Wirtschaftsexperten, allen voran auf Jegor Gaidar und Anatolij Čubajs.

Die Verfassung Russlands

Der Streit um eine demokratische Verfassung

Schon bald nach der staatlichen Selbstständigkeit Russlands 1991 schlitterte das Land in eine schwere politische Krise. Grund dafür war der Streit um den Inhalt einer neuen demokratischen Verfassung. Die bestehende Verfassung aus dem Jahr 1978 wies dem Obersten Sowjet, dem russländischen Parlament, die zentrale Rolle im politischen Entscheidungsprozess zu. Dieses Gremium war zuletzt im März 1990 gewählt worden – in Wahlen, die zwar einen begrenzten Wettbewerb zwischen Kandidaten zugelassen hatten, aber sicherlich noch keine demokratischen Wahlen waren.

Der Oberste Sowjet wurde seit 1991 von Ruslan Chasbulatov geführt, einem tschetschenischen Ökonomen, der als Kind mit seiner Familie von Stalin nach Kazachstan deportiert worden war. Staatspräsident Russlands wurde im Juni 1991 in demokratischen Wahlen Boris Jelzin. Der oberste Sowjet und der Präsident konnten sich darauf einigen, eine demokratische Verfassung auszuarbeiten; die Zuständigkeit, eine neue Verfassung zu beschließen, lag beim Parlament. Zwar waren sich beide staatlichen Institutionen einig über das Verfahren zur Ausarbeitung der neuen Verfassung, erbitterter Streit aber entstand darüber, welche Rechte dem Parlament und welche dem Staatspräsidenten zukommen sollten. Die Mehrheit der Mitglieder des Obersten Sowjet lehnten eine radikale Neuordnung der Befugnisse ab; das

Parlament sollte weiterhin der wichtigste Entscheidungsträger bleiben. Jelzin hingegen beharrte auf einer Stärkung des Präsidentenamtes. Seine Vorschläge orientierten sich an der Verfassung Frankreichs aus 1958, die den Staatspräsidenten mit erheblicher Machtfülle ausstattet. In diesem Streit wurde Chasbulatov, der anfangs ein gutes Verhältnis zu Jelzin hatte, zum erbitterten Gegner des Präsidentenlagers. Dem ehrgeizigen Tschetschenen gelang es, die Mehrheit der Abgeordneten zu überzeugen, gänzlich auf den Beschluss einer neuen Verfassung zu verzichten.

Das Amt des Staatspräsidenten wurde erst durch eine Änderung der Verfassung im April 1991 geschaffen; die Kompetenzen, die dem Präsidenten zugewiesen wurden, waren aber sehr gering. Lediglich bis Dezember 1992 wurde Jelzin zugestanden, seine Regierung ohne Rücksprache mit dem Abgeordnetenhaus zu bilden und die wirtschaftlichen Reformen über Dekrete einzuleiten. Nachdem seine Sondervollmachten Ende 1992 ausgelaufen waren, geriet Jelzin in eine missliche Lage. Nur durch eine neue Verfassung konnte die zentrale Rolle des Präsidenten gewahrt werden. Der Oberste Sowjet aber war dazu nicht mehr bereit, und die nächsten Wahlen zum Parlament waren erst für 1995 vorgesehen. Darauf zu hoffen, dass aus diesen Wahlen eine präsidententreue Mehrheit hervorgehen könnte, war für Jelzin zu riskant. Angesichts der durch die liberalen Reformen seiner Regierung hervorgerufenen sozialen Krise war es unwahrscheinlich, dass sich die Mehrheitsverhältnisse ändern könnten; zudem wäre Jelzin durch die Abgeordneten sicherlich gezwungen worden, seine radikalen wirtschaftlichen Änderungen abzubrechen.

Jelzins Putsch

Angesichts der ausweglosen Lage entschied sich Präsident Jelzin am 21. September 1993, die geltende Verfassung zu brechen und den Obersten Sowjet aufzulösen. Der Oberste Sowjet aber weigerte sich, den Beschluss anzuerkennen, harrte im Parlamentsgebäude – dem »Weißen Haus« (*Belij Dom*) – aus, enthob Jelzin seines Amtes und wählte Vizepräsident Ruckoj zum amtierenden Staatspräsidenten. Jelzin riegelte das Parlamentsgebäude durch Sondereinheiten des Innenministeriums ab, unterbrach die Stromversorgung, kappte die Telefonleitungen und setzte den Abgeordneten das Ultimatum, das Gebäude bis 4. Oktober zu räumen.

Jelzins konfrontative Haltung war riskant, denn viele Regionen, aber auch die orthodoxe Kirche drängten ihn, mit den Abgeordneten einen Ausgleich zu suchen. Am 3. Oktober durchbrachen parlamentstreue Demonstranten die Absperrungen, die Sicherheitskräfte zogen sich zurück. Chasbulatov und Ruzkoj forderten ihre Anhänger – einige davon bewaffnet – dazu auf, das Bürgermeisteramt zu besetzen und das Fernsehzentrum *Ostankino* zu stürmen. Die Spezialeinheiten des Innenministeriums aber konnten das Fernsehgebäude verteidigen. Um den bewaffneten Widerstand zu brechen, war Jelzin gezwungen, Armeeeinheiten zu mobilisieren. Am 4. Oktober mussten Chasbulatov und Ruzkoj nach schwerem Artilleriebeschuss des Parlamentsgebäudes kapitulieren und wurden verhaftet. Offiziell wurden bei diesen Kämpfen 159 Menschen getötet, vermutlich aber war die tatsächliche Zahl wesentlich höher.

Jelzins Entscheidung hatte aber zwei nachhaltige Konsequenzen: Zum einen brach sein Ansehen in der Bevölkerung ein. Obwohl die russländische Bevölkerung die Abgeordneten in der Auseinandersetzung mehrheitlich nicht unterstützt hatte, lehnte sie doch die Anwendung von Gewalt ab. Dieser Ansehensverlust beschleunigte eine Entwicklung, die angesichts der sozialen Krise bereits eingetreten war.

Als fatal erwies sich zum anderen das Auseinanderbrechen des demokratischen Lagers in einen rechtsliberalen, unternehmerfreundlichen Flügel, der Jelzin bedingungslos unterstützte, und in einen linksliberalen Flügel, organisiert in der Bewegung »Jabloko«, die sich von Jelzin distanzierte. Dieser Bruch konnte niemals überwunden werden und hatte wesentlichen Anteil am Niedergang der liberalen Parteien in der Amtszeit Putins.

Der kurzfristige Gewinn für Jelzin aber war die nunmehr uneingeschränkte Möglichkeit, einen Verfassungsentwurf durchzusetzen, der den Staatspräsidenten zum mächtigsten Akteur erhob und das Parlament marginalisierte. Der neue Verfassungsentwurf wurde von einer durch Jelzin einberufenen Verfassungsversammlung ausgearbeitet und in einem – manipulierten – Referendum am 12. Dezember 1993 angenommen.

Die nunmehr geltende russländische Verfassung beruhte daher nicht auf einem Elitenkonsens, sondern wurde von einem Akteur (dem Staatspräsidenten) durch den Einsatz militärischer Gewalt gegen den Widerstand des anderen Akteurs (des Obersten Sowjets) durchgesetzt.

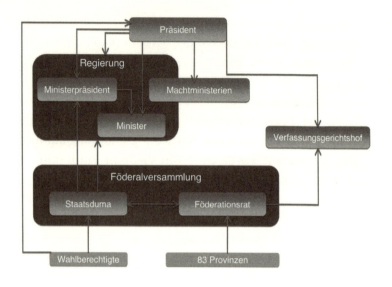

Grafik 1: Verfassungsordnung Russlands

Die heutige Verfassungsordnung Russlands

Die zentralen Institutionen der russländischen Verfassungsordnung sind der Staatspräsident und die Regierung sowie das bikamerale Parlament – die Föderalversammlung, die sich aus Staatsduma und Föderationsrat, der Vertretung der Regionen, zusammensetzt.

Der Staatspräsident wird von der wahlberechtigten Bevölkerung für eine Amtszeit von vier Jahren gewählt. 2008 wurde durch eine Verfassungsänderung die Amtszeit auf sechs Jahre verlängert. Ein Staatsbürger kann das Amt des Staatspräsidenten nur für zwei aufeinander folgende Amtszeiten innehaben; nach einer Unterbrechung aber kann der Bürger erneut zum Staatspräsidenten gewählt werden.

Die russländische Föderalversammlung – das Parlament – besteht aus zwei Kammern: der Staatsduma und dem Föderationsrat. Diese Bikameralität ist aber asymmetrisch; die Staatsduma ist deutlich stärker als der Föderationsrat.

Die Staatsduma wird direkt von der Bevölkerung gewählt; die Legislaturperiode betrug zunächst vier Jahre und wurde 2008 durch eine Verfassungsänderung auf fünf Jahre ausgedehnt. Bis zu einer von Vladimir Putin initiierten Änderung des Wahlrechts wurde die Staatsduma nach einem Mischwahlsystem gewählt: Eine Hälfte der Abgeordneten (225) wurde nach dem Verhältniswahlrecht über Parteilisten gewählt, wobei für den Einzug in die Staatsduma eine Fünf-Prozent-Hürde vorgeschrieben war. Die andere Hälfte wurde in Direktwahlkreisen nach dem relativen Mehrheitswahlrecht gewählt, wobei der stimmenstärkste Kandidat das Mandat des Wahlkreises erhielt; aufgrund der hohen Zahl an Kandidaten genügten daher durchschnittlich nur 30 Prozent der Wählerstimmen für die Erringung des Mandats.

In den Föderationsrat entsenden die 83 Regionen Russlands jeweils zwei Vertreter.

Putins Wahlrechtsänderung hat die Direktwahlkreise abgeschafft. Die Abgeordneten werden nur mehr über Parteilisten auf der Grundlage des Verhältniswahlrechtes gewählt; die Prozenthürde wurde zudem auf sieben Prozent angehoben.

Die Genese der russländischen Verfassung erklärt, warum die Stellung des Staatspräsidenten derart stark ausgestaltet und das Parlament marginalisiert wurde. Der Staatspräsident kontrolliert das Verfahren der Regierungsbildung. Der Vorsitzende der Regierung – so die Bezeichnung des Ministerpräsidenten – wird vom Präsidenten vorgeschlagen, bedarf aber der Zustimmung durch die Staatsduma als der stärkeren Kammer der bikameralen Föderalversammlung. Der Föderationsrat, das Oberhaus, ist in den Prozess der Regierungsbildung nicht eingebunden. Die Staatsduma hat das Recht, den vorgeschlagenen Kandidaten zurückzuweisen; der Staatspräsident erhält dann aber erneut das Recht, einen Kandidaten zu nominieren – der, nach einer Entscheidung des Verfassungsgerichtes, durchaus wieder derselbe sein kann. Wenn die Abgeordneten der Staatsduma dem vorgeschlagenen Kandidaten aber dreimal die Zustimmung verweigern, muss der Staatspräsident die Staatsduma auflösen und Neuwahlen zum Unterhaus ansetzen. Die Staatsduma kann den Staatspräsidenten daher rechtlich nicht zwingen, in der Regierungsbildung das Einvernehmen mit den Abgeordneten zu suchen. Die Staatsduma kann das Verfahren zur Bildung einer Regierung nur verzögern, nicht aber blockieren. Der Widerstand gegen den Kandidaten des Staatspräsidenten ist mit dem Risiko der vorzeitigen Auflösung der Staatsduma verbunden.

Auch in der Kontrolle der Regierungstätigkeit sind die Rechte der Abgeordneten sehr eingeschränkt. Zwar kann die Staatsduma der gesamten Regierung – nicht einzelnen Ministern oder dem Vorsitzenden der Regierung – das Misstrauen aussprechen, aber der Staatspräsident kann das Votum ignorieren. Nur wenn die Abgeordneten den Misstrauensantrag gegen die Regierung innerhalb von drei Monaten erneut beschließen, ist der Präsident gezwungen zu handeln. Der Präsident kann seine Regierung abberufen, er kann aber auch die Staatsduma auflösen und vorzeitige Parlamentswahlen ansetzen. Wie das Mitspracherecht bei der Regierungsbildung ist auch das Kontrollrecht der Staatsduma gegenüber der Regierung mit dem Risiko der

Auflösung verbunden. Der Föderationsrat hat kein Recht, der Regierung das Misstrauen auszusprechen.

Das Risiko, bei Neuwahlen nicht wiedergewählt zu werden, war in den neunziger Jahren außerordentlich hoch. Im Durchschnitt ist es kaum mehr als 30 Prozent der Abgeordneten gelungen, erneut zum Mitglied der Staatsduma gewählt zu werden. Die Neuerungsrate, d. h. die Zahl der Abgeordneten, die den Wiedereinzug nicht schafften, lag durchschnittlich bei 69 Prozent. Eine Eskalation des Konfliktes mit dem Staatspräsidenten im Verfahren der Regierungsbildung und der Kontrolle der Regierung war daher nicht im Interesse der meisten Abgeordneten. Der Status des Abgeordneten war nämlich mit materiellen Anreizen verbunden, die nur wenige aufs Spiel zu setzen bereit waren.

Es ist daher nicht überraschend, dass die Staatsduma sich dem Staatspräsidenten niemals so lange widersetzte, bis dieser sein Recht auf Auflösung der Abgeordnetenkammer hätte nutzen können. Niemals seit 1993 hat die Staatsduma sich in der Regierungsbildung dem Vorschlag des Staatspräsidenten dreimal verweigert; niemals hat sie der Regierung zweimal das Misstrauen ausgesprochen.

Abgesehen von der Wahrung der Annehmlichkeiten des Status eines Abgeordneten gab es noch weitere Gründe, die erklären, warum die Staatsduma selbst während der Präsidentschaft Jelzins Konflikte mit dem Staatspräsidenten nicht eskalieren lassen wollte. Zum einen war nicht gänzlich sicher, ob Jelzin sich an die Regeln der Verfassung halten und nach der vorzeitigen Auflösung der Staatsduma auch Neuwahlen ansetzen würde.

Außerdem wäre es auch der neu gewählten Staatsduma letztlich nicht möglich gewesen, sich gegen den Willen des

Staatspräsidenten durchzusetzen. Ein rationales Kosten-Nutzen-Kalkül ergab, dass Neuwahlen die schwache Stellung der Abgeordneten gegenüber dem Staatspräsidenten nicht verbessern würden. Die Abgeordneten haben rechtlich keine Möglichkeit, dem Präsidenten eine Regierung aufzuzwingen.

Ein dritter Faktor aber, der die Scheu der Abgeordneten vor der Eskalation des Konfliktes mit der Regierung erklärt, ist Korruption. Die Stimmen von Abgeordneten wurden von der Regierung bei Schlüsselabstimmungen immer wieder durch materielle oder finanzielle Zuwendungen erkauft.

Die Regierung in Russland ist also letztlich der Staatsduma nicht verantwortlich; die Regierung ist damit von den Mehrheitsverhältnissen in der Abgeordnetenkammer relativ unabhängig.

Die Exekutive in Russland ist bipolar; sie besteht aus dem Staatspräsidenten und dem Vorsitzenden der Regierung. Die Rechtsstellung des Staatspräsidenten ist aber deutlich stärker. Der Präsident kann Minister, selbst die gesamte Regierung, ohne Begründung abberufen; auch hier hat die Staatsduma kein Mitwirkungsrecht. Die Regierung ist ausschließlich dem Präsidenten verantwortlich. Dieser kann auch alle Verordnungen der Regierung aufheben.

Die Autorität des Regierungschefs, also des Ministerpräsidenten, ist zusätzlich beschnitten durch die direkte Zuordnung wichtiger Ministerien, der »Machtministerien«, zum Präsidenten. Zunächst durch ein Dekret Jelzins, dann festgeschrieben im »Gesetz über die Regierung« sind die Minister für Äußeres, Inneres, Verteidigung, Justiz, Katastrophenschutz sowie die Direktoren der Nachrichtendienste ausschließlich dem Präsidenten rechenschaftspflichtig; diese Minister haben auch direkten Zugang zum Präsidenten. Der Regierungschef ist in diese Kommunikation rechtlich nicht eingebunden.

Gesetze werden zunächst in der Staatsduma beschlossen; das Oberhaus, der Föderationsrat, hat nur ein aufschiebendes Vetorecht, über das sich die Staatsduma durch einen Beharrungsbeschluss hinwegsetzen kann. Nur in Budget- und Steuerfragen ist die Zustimmung des Föderationsrates erforderlich.

Der Staatspräsident kann gegen einfache Gesetze ein suspensives Veto einlegen; das Veto kann die Staatsduma nur durch eine qualifizierte Mehrheit – eine Mehrheit von zwei Dritteln aller Abgeordneten – aufheben. Gegen Verfassungsgesetze aber kann der Staatspräsident kein Veto einlegen.

Die russländische Verfassung sieht die Möglichkeit eines Amtsenthebungsverfahrens gegen den Staatspräsidenten vor, allerdings nur bei Hochverrat oder »anderen schweren Verbrechen«. Die Initiative dazu geht von der Staatsduma aus; das Oberste Gericht muss die Vorwürfe unterstützen und das Verfassungsgericht die Einhaltung der Verfahrensregeln bestätigen. Die Amtsenthebung wird durch den Föderationsrat vorgenommen.

Zu den wenigen wichtigen Kompetenzen des Föderationsrates zählt die Wahl der Verfassungsrichter auf Vorschlag des Staatspräsidenten. Dem Verfassungsgericht gehören 19 Richter an; sie werden für neun Jahre bestellt. Darüber hinaus kann nur der Föderationsrat den Krieg erklären und den Ausnahmezustand verhängen – beides auf Antrag des Staatspräsidenten.

Die Verfassung Russlands ist eine starre Verfassung, d. h. sie kann nicht leicht abgeändert werden. Jelzin hatte kein

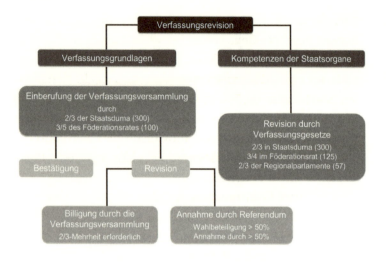

Grafik 2: Verfahren zur Abänderung der Verfassung Russlands

Interesse, dass die gewaltsam durchgesetzte Verfassung rasch wieder abgeändert werden kann. Die Zuständigkeiten der staatlichen Institutionen können nur in einem dreigliedrigen Abstimmungsprozess abgeändert werden. Die grundlegenden Verfassungsbestimmungen, vor allem die Bürger- und Freiheitsrechte, können nur durch eine Verfassungsversammlung geändert werden (siehe Grafik 5).

Die Zähmung des Alleinherrschers Jelzin

Die von Jelzin erzwungene Verfassung weist dem Staatspräsidenten die beherrschende Rolle im politischen Geschehen zu. Jelzin konnte diese starke verfassungsrechtliche Autorität aber nicht völlig ausschöpfen, weil er mit vier Faktoren konfrontiert war, die seine Macht in der Verfassungswirklichkeit beschränkten.

Zunächst konnte sich Jelzin in seiner Amtsausübung *niemals* auf *eine Abgeordnetenmehrheit* stützen. In der zweiten Staatsduma (1995–1999) sah sich Jelzin einer linken Mehrheit – gebildet von der Kommunistischen Partei, den Agrariern und einer linksnationalistischen Formation – gegenüber. Zwar ist die Abgeordnetenkammer nur mit geringen Rechten ausgestattet, aber der Staatspräsident riskiert in einer Konfrontation mit den Abgeordneten auch politische Kosten – wie einen Ansehensverlust in der Bevölkerung. Für den Beschluss des Staatshaushaltes ist der Präsident zwingend auf die Staatsduma angewiesen. Daher musste sich der Präsident immer wieder auf langwierige Aushandlungsprozesse einlassen. 1997 sah sich Jelzin in der Budgetdebatte sogar gezwungen, von seiner geringschätzigen Haltung gegenüber der Staatsduma abzugehen und erstmals das Parlamentsgebäude zu betreten.

Der zweite restriktive Faktor für die Machtstellung Jelzins waren die *Regionen*, die (über den Föderationsrat) immer mehr Mitsprache einforderten und sich gegenüber dem föderalen Zentrum zunehmend verselbstständigten. Zahlreiche Regionen haben föderale Gesetze immer seltener umgesetzt und auf regionaler Ebene Gesetze beschlossen, die gegen föderale Gesetze verstießen. Auch die Abfuhr von Steuern an den Bundeshaushalt wurde immer öfter unterbrochen. Der Machtanspruch der Regionen hat ab 1996 stark zugenommen, als in ganz Russland die regionalen Regierungen direkt gewählt wurden; bis dahin hatte Jelzin in vielen Regionen die Regierungen in den Provinzen noch ernennen können.

Machthemmend wirkte auch die *pluralistische Medien-*

landschaft Russlands: Zwar kontrollierte die Regierung die beiden reichweitenstärksten Fernsehstationen *Ostankino* und RTR; daneben gab es aber auch private Fernsehstationen, allen voran den Sender NTV (»Unabhängiges Fernsehen«), die auch regierungskritische Berichterstattung zuließen. NTV war auch jene Fernsehstation, die den Krieg Jelzins gegen Tschetschenien heftig kritisierte. Deren Journalisten waren bereit, den Zusehern Bilder verletzter und getöteter russländischer Soldaten zu zeigen, das Leid der zivilen Bevölkerung Tschetscheniens und die Grausamkeit der Kriegsführung. Die deutliche Ablehnung des Krieges durch die russländische Bevölkerung war nicht zuletzt das Ergebnis der Berichterstattung auf NTV.

Bei Zeitungen und Magazinen war die Diversität noch viel größer. Kritik an der Regierung und dem Präsidenten war durchaus möglich und häufig. Jelzin erhob auch nicht den Anspruch, die Medien zu kontrollieren, wenn wir davon absehen, dass er 1993 den Generaldirektor von *Ostankino* aus politischen Gründen entlassen hatte.

Dennoch ist die Medienfreiheit zunehmend eingeschränkt worden – durch die massiven *Interventionen der Eigentümer*. Diese nutzten die eigenen Medien immer schamloser, ihre Geschäftsinteressen zu fördern und staatliche Entscheidungsträger, auch den Präsidenten, über die Berichterstattung unter Druck zu setzen. Regierungsgegner wurden aber auch medial vernichtet, wenn es im gemeinsamen Interesse Jelzins und der Medienkonzerne war.

Jelzins Ende

Jelzin hat sich aber auch selbst geschwächt: Zum einen, weil ihn die Tagesgeschäfte nicht wirklich interessierten; in kritischen Momenten war Jelzin stark, um die Niederungen detaillierter Sacharbeit bemühte er sich aber nicht. Jelzin war oft tagelang nicht in seinem Arbeitszimmer im Kreml, manchmal kam er nur für wenige Stunden. Entscheidungen wurden immer häufiger von Mitgliedern seines Stabes getroffen; der wichtigste Fädenzieher war dabei Anatolij Čubajs, Finanzminister, Privatisierungsminister und dann Leiter des Präsidialamtes. Die eigentliche graue Eminenz aber war Boris Berezovskij, 1946 in Moskau geboren, ausgebildeter Mathematiker und Eigentümer von Unternehmen im Erdöl-, Auto-, Luftfahrt- und Mediensektor. Mitglieder dieses informellen Machtkartells waren auch Jelzins ältere Tochter Tatjana Djačenko zusammen mit ihrem Ehemann Valentin Jumašev, der nach Čubajs die Leitung des Präsidialamtes von Jelzin übernommen hatte. Die eigentliche Macht wurde von der staatlichen Bürokratie, aber auch den Sicherheitsdiensten und den Streitkräften in diesem Zirkel verortet; Jelzin selbst geriet immer stärker in den Hintergrund.

Zum anderen wurden Jelzins Macht und Autorität aber auch von seiner angegriffenen Gesundheit untergraben. Jelzin, der starke Schmerzmittel gegen eine Rückgratverletzung nehmen musste, wurde zudem auch medikamentös gegen depressive Verstimmungen behandelt. 1996 erlitt Jelzin zwei Herzinfarkte und musste sich einer Bypass-Operation unterziehen. Dem Ansehen Jelzins besonders geschadet hat aber seine immer stärker auch öffentlich sichtbare Alkoholerkrankung. Bei zahlreichen öffentlichen Auftritten konnte er nicht verständlich sprechen, manchmal konnte er sich auch nicht mehr aufrecht halten; bei Ansprachen brachte er den Redetext durcheinander und suchte hilflos nach dem richtigen Blatt. Angetrunken ließ Jelzin bei einer Fahrt auf der Volga Pressesprecher Kostikov von seiner Leibgarde über Bord werfen. Bei einem Treffen der Staatspräsidenten der früheren UdSSR schlug Jelzin dem kirgisischen Präsidenten Akaev mit zwei Löffeln auf den Kopf.

Es waren aber zwei Ereignisse im Ausland, die seinem Ansehen unwiderruflich schadeten. 1994 landete das Präsidentenflugzeug auf dem Rückflug aus Washington auf dem irischen Shannon Airport. Die irische Regierung wartete vergeblich darauf, dass Jelzin aus dem Flugzeug stieg. Sein Leibwächter und enger Vertrauter Aleksandr Koržakov hinderte den angetrunkenen Präsidenten, das Flugzeug zu verlassen. Die Maschine setzte den Flug nach Moskau fort, der irische Ministerpräsident war brüskiert.

Zur nationalen Schande schließlich wurde Jelzins Verhalten bei der feierlichen Verabschiedung der russländischen Streitkräfte aus Deutschland am 31. August 1994 in Berlin. Der alkoholisierte russländische Präsident konnte sich beim gemeinsamen Presseauftritt nicht mehr an den Familiennamen von Bundeskanzler Kohl erinnern, er musste ihm von einem Berater zugeflüstert werden. Danach dirigierte er heftig gestikulierend ein deutsches Polizeiorchester und begann das Lied »Kalinka« zu singen, bis ihm die Stimme versagte. Bei diesem für Russland äußerst emotionalen Ereignis, dem Abzug der Roten Armee aus dem früheren Nazideutschland, machte Jelzin das eigene Land lächerlich. Die Alkoholkrankheit war aber auch die persönliche Tragödie eines umstrittenen, jedoch leidenschaftlichen Politikers, der zur Freiheit der russländischen Bevölkerung viel beigetragen hat.

Die wirtschaftlichen und sozialen Folgen der radikalen Reformen

Beraten durch den Internationalen Währungsfonds – so durch den Ökonomen David Lipton – und die Ökonomen Jeffrey Sachs und Andrei Shleifer von der Harvard University wurde im Oktober 1991 ein marktliberales Reformpaket beschlossen. Die Eckpfeiler des Maßnahmenpaketes waren die Freigabe der Preise, die völlige Liberalisierung des Außenhandels (auch wenn sich dies in der Umsetzung letztlich verzögerte), die Privatisierung der staatlichen Unternehmen, radikale Steuerreformen – darunter die Einführung der Mehrwertsteuer von 28 Prozent –, fiskalische Austerität und eine strenge Währungspolitik. Die eingesetzten Werkzeuge zielten nicht nur technisch auf wirtschaftliche Zielparameter ab, der marktliberale, schocktherapeutische Ansatz verfolgte auch das Ziel einer radikalen Auflösung der sozialen Strukturen der kommunistischen Ära. Die gesellschaftliche Ordnung der vorangegangen Jahrzehnte sollte ausgeschaltet und durch ein alternatives Modell abgelöst werden. Widerstand durch organisierte soziale Akteure sollte durch den radikalen und kategorischen Bruch ausgeschaltet werden.

Die Folgen waren Hyperinflation und damit die Entwertung von Sparguthaben, ein radikaler Einbruch des BIP und der industriellen Produktion – allein 1992 ist das BIP um 14,2 Prozent gesunken –, Entlassungen, nicht ausbezahlte Löhne und das Abgleiten von mehr als 40 Prozent der Bevölkerung unter die Armutsgrenze. Löhne und Pen-

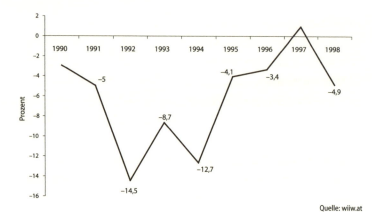

Quelle: wiiw.at

Grafik 3: Einbruch des Bruttoinlandsproduktes Russlands 1990–1998

sionen wurden Monate (in manchen Sektoren Jahre) später ausbezahlt, als deren Wert durch die Inflation bereits völlig vernichtet war. Viele Arbeiter wurden auch in Naturalien ausbezahlt.

Wesentliche Faktoren für die dramatischen Ergebnisse der marktliberalen Reformen waren aber auch die mangelnde Expertise und das geringe Wissen über den tatsächlichen Zustand der russländischen Wirtschaft bei deren Verfechtern – allen voran bei Jegor Gaidar und Anatolij Čubajs.

Gaidar, 1956 geboren, hatte Volkswirtschaft an der Moskauer Staatlichen Universität studiert. Zuletzt Redakteur der führenden kommunistischen Ideologiezeitschrift *Kommunist*, ernannte ihn Jelzin 1991 zunächst zum Wirtschaftsminister, 1992 für wenige Monate zum Finanzminister und dann bis Dezember 1992 auch zum Ministerpräsidenten. Jelzin hat ihn dann schließlich aus dieser Funktion abberufen, weil der Widerstand gegen die ökonomischen Reformanstrengungen Gaidars zu stark geworden war. Im September 1993 kehrte Gaidar für fünf Monate als stv. Ministerpräsident in die Regierung zurück.

Anatolij Čubajs, 1955 geboren, in Leningrad am Institut für Wirtschaftsingenieure ausgebildet, war anders als Gaidar schon politisch aktiv gewesen, als Jelzin ihn im November 1991 zum Privatisierungsminister ernannte. 1994–1996 war Čubajs Finanzminister, wurde 1996 Leiter des Präsidialamtes von Boris Jelzin und 1998 zum Vorstandsvorsitzenden des staatlichen Energiekonzerns RAO EES ernannt, der bis 2008 auf Drängen von Čubajs privatisiert wurde.

Allerdings wäre es unrichtig, zu sagen, dass das negative Wachstum des russländischen BIP allein das Ergebnis der schocktherapeutischen Reformen gewesen wäre. Bereits zuvor waren massive Einbrüche zu erwarten gewesen. Bis 1999 war das BIP Russlands durch extreme Kontraktionen gekennzeichnet. Ähnliches galt für die Realeinkommen.

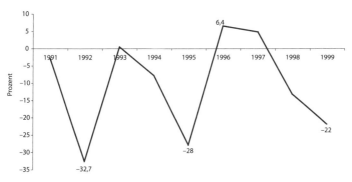

Quelle: wiiw Database

Grafik 4: Einbruch der Realeinkommen 1990–1998

Die radikalen Reformen, die von ihren Verfechtern als unabdingbar verteidigt wurden, lösten eine verheerende soziale Krise aus, die dramatische Auswirkungen auf die demografische Entwicklung Russlands zeitigte. Diese humanitäre Tragödie blieb in diesen Jahren aber gänzlich unbeachtet.

Russlands demografische Entwicklung

Die russländische Gesellschaft sieht sich seit 15 Jahren mit einer demografischen Krise konfrontiert. Die Bevölkerungszahl geht drastisch zurück: Jährlich verliert Russland 700 000–800 000 Menschen. 1992 lebten in Russland 148,9 Millionen, 2008 nur mehr 141,9 Millionen Menschen; nach Schätzungen russländischer Demografen wird die Bevölkerungszahl bis 2050 auf weniger als 100 Millionen zurückgehen, wenn die derzeitige Entwicklung anhalten sollte. Russland hätte dann annähernd die gleiche Bevölkerungszahl wie 1948.

Der drastische Einbruch in der Bevölkerungsstatistik ist trotz starker Nettozuwanderung eingetreten. Die Rückwanderung ethnischer Russen aus dem südlichen Kaukasus und den zentralasiatischen Staaten hatte zwar bereits in den frühen siebziger Jahren begonnen, nach dem Zerfall der Sowjetunion aber stark zugenommen. Trotz der Abwanderung nicht-ethnischer Russen in ihre unabhängig gewordenen »Heimatländer« ist Russland seit 1992 ein Nettoimmigrationsland. Der Höhepunkt der Rückwanderung war 1997, als 598 000 Migranten nach Russland kamen; seitdem sind die Zahlen zunächst zurückgegangen, seit 2004 ist die Einwanderung aber wieder deutlich angestiegen. 2007 verzeichnete Russland 287 000 Immigranten. Die ansteigende Anzahl von Einwanderern ist nicht zuletzt auch auf die mittlerweile stark verbesserte wirtschaftliche und soziale Situation in Russland zurückzuführen. In den Zahlen der russländischen Statistiken ist allerdings die hohe Zahl an *illegalen* Zuwanderern nicht berücksichtigt.

Nach der Volkszählung von 2002 ist der Anteil der ethnisch russischen Staatsbürger auf 79,8 Prozent zurückgegangen – 1,7 Prozent weniger als 1989. Der Anteil der Tataren ist auf 3,8 Prozent angestiegen, jener der Ukrainer beträgt 2 Prozent und die restliche Bevölkerung verteilt sich auf andere ethnische Gruppen.

Geburten- und Sterberaten

Die Ursachen für das starke negative Bevölkerungswachstum Russlands sind die sehr niedrige Geburtenrate, vor allem aber die außerordentlich hohe Sterberate. Die Geburtenrate hatte bereits 1975 ihren Höhepunkt erreicht: Damals lag die Geburtenrate bei 25,7 Kindern pro tausend Personen. 1990 lag die Rate noch bei 13,4, ist bis 1999 aber auf 8,3 abgesunken. Die Fertilitätsrate – die Zahl der Kinder pro erwachsener Frau – lag damals bei 2,63 (für die Beibehaltung der Bevölkerungszahl ist ein Reproduktionswert von 2,14 notwendig), ging bis 2000 dann aber auf 1,27 zurück. Der drastische Einbruch ereignete sich zwischen 1990 und 1995: Innerhalb von fünf Jahren brach die Fertilität von 1,9 auf 1,3 ein. Die unsicheren Lebensperspektiven angesichts einer dramatischen wirtschaftlichen und sozialen Krise erklären diese Entwicklung. Ähnlich niedrige Fertilitätsraten finden sich allerdings auch in Italien oder

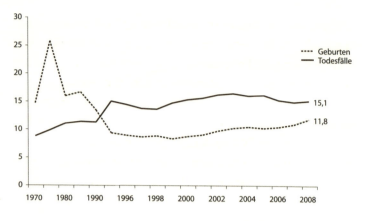

Quelle: www.gks.ru

Grafik 5: Geburten- und Sterberaten in Russland 1970–2008

Spanien. In Russland aber wird die niedrige Geburtenrate von einer extrem hohen Sterberate begleitet. Diese Kombination erklärt den drastischen und anhaltenden Einbruch der Bevölkerungszahlen.

Innerhalb der kurzen Zeitspanne von 1990 bis 1995 ist die Sterberate von 11,2 auf 15 Todesfälle je 1000 Einwohner angewachsen; das ist für Industriegesellschaften ein immens hoher Wert. In Deutschland liegt der Wert derzeit bei 10,8, in Österreich bei 9,9. Den höchsten Wert erreichte die Sterberate in Russland 2003 mit 16,4/1000 Einwohner., bis 2008 ging sie auf 15,1 zurück.

Die hohe Sterberate drückt sich in einer rasch sinkenden durchschnittlichen Lebenserwartung aus. Dabei gibt es markante Unterschiede zwischen den Geschlechtern. Die Lebenserwartung der russländischen Frauen ist deutlich höher als jene der Männer. 2006 lag dieser Wert bei Frauen bei 73,2 Jahren, bei Männern nur bei 60,4 Jahren.

Ab 1990 ist bei Männern und Frauen ein deutlicher Einbruch der Lebenserwartung festzustellen. Zwischen 1991 und 1995 ging die Lebenserwartung bei Frauen von 74,3 auf 71,6 Jahre zurück, bei Männern noch sehr viel deutlicher von 63,5 auf 58,1 Jahre. insgesamt lag die durchschnittliche Lebenserwartung 2006 bei 66,6 Jahren. Das Pensionsalter liegt für Männer bei 60 Jahren, für Frauen bei 55 Jahren; in den nördlichen Regionen Russlands ist das Antrittsalter aufgrund der widrigen Lebensbedingungen niedriger. Bedingt durch die stark unterschiedlichen Lebenserwartungen ist der Anteil der Frauen an den Pensionisten wesentlich höher.

Die Mängel des Gesundheitswesens

Worin liegen nun die Ursachen für diese Entwicklung, allen voran für die hohe Sterblichkeitsrate? Russland hat in den letzten Jahren einen erheblichen Anstieg kardiovaskulärer Erkrankungen – Herzinfarkte, Schlaganfälle – verzeichnet; der Anstieg war besonders deutlich ab 1992, als sich durch die wirtschaftlichen Reformen die soziale Situation der Bevölkerung dramatisch verschlechterte. Die erhebliche seelische und körperliche Belastung sowie soziale Stresssituationen waren wesentlich für den Anstieg der Herz-Kreislauf-Erkrankungen verantwortlich.

Direkt mit der wirtschaftlichen Krise verbunden war die sich verschlechternde medizinische Versorgung. Dies galt sowohl für die medikamentöse als auch für die ärztliche Betreuung. Ärztegehälter waren sehr niedrig, viele Ärzte wanderten in andere wirtschaftliche Sektoren ab. Dabei ist anzumerken, dass in der medizinischen Versorgung Russlands traditionell stärker auf die kurative Medizin als auf medizinische Prävention gesetzt wird.

Die hohe Mortalität lässt sich auch auf die extrem hohen Werte bei Alkohol- und Tabakmissbrauch zurückführen, was durch die niedrige Qualität der konsumierten Produkte noch verschlimmert wird. Gepantschter Alkohol oder das Trinken von medizinisch eingesetztem Alkohol, der wesentlich billiger ist als Vodka, führen zu einer hohen Zahl von direkt oder indirekt mit Alkoholismus verbundenen Todesanfällen. Der deutliche Anstieg des Alkoholkonsums nach 1991 deutet auch auf indirekte Schockeffekte der wirtschaftlichen und sozialen Krise hin. Ursächlich mit den widrigen Lebensbedingungen verbunden war die sich ausbreitende Mangelernährung der Bürger.

Besorgniserregend ist auch der Anstieg infektiöser Krankheiten, allen voran Tuberkulose und HIV-Infektionen. In Russland sind multiple resistente Formen der Tuberkulose stark verbreitet; vor allem Gefängnisinsassen (die Zahl der Inhaftierten in Russland ist besonders hoch) sind davon betroffen. Die Behandlung dieser Tuberkuloseformen ist sehr teuer und erfordert Behandlungsdisziplin bei den Erkrankten; beides ist häufig nicht gegeben.

Die russländische Gesellschaft verzeichnet hohe Wachstumsraten bei HIV-Infektionen, die längst nicht mehr nur auf das (zahlenmäßig stark anwachsende) Drogenmilieu beschränkt sind. Besonders hoch ist die Rate in der Altersgruppe der 15–29-Jährigen. Die russländische Regierung hat sich um die HIV-Prävention lange nicht gekümmert, die medizinische Behandlung von AIDS-Erkrankten war durch geringe finanzielle Mittel stark eingeschränkt. Erst seit 2005 sind die Ausgaben im Bereich der HIV/AIDS-Bekämpfung deutlich angewachsen.

Die Probleme Russlands in den 90er-Jahren

Kaum ein anderes Moment war so prägend für die Machtverhältnisse in Russland während der Ära Jelzin wie die Raubprivatisierung der ertragsstärksten Staatsunternehmen. Die Umstände, wie diese von »Oligarchen« beherrschten Großunternehmen entstanden sind, sind Thema des Kapitels »Raubprivatisierung«.
Bezeichnend für diese Zeit war auch der Verfall der russländischen Streitkräfte, die soziale Verwahrlosung der Soldaten und der Verfall der Rüstungsindustrie.
Das Gesicht Russlands wurde aber auch durch den brutalen Feldzug gegen die tschetschenischen Sezessionisten geprägt. Das Drama der nordkaukasischen Kriege war gezeichnet von Fehleinschätzungen, Verbrechen und Tragödien.

Raubprivatisierung und die Verfilzung von Politik und Wirtschaft

Die Privatisierung der russländischen Staatsunternehmen zählt zu den umstrittensten Ereignissen der postkommunistischen Ära. Natürlich war das Ziel der Privatisierung auch, Erlöse für den Staatshaushalt zu erhalten; nicht weniger wichtig aber war die Absicht, durch die Schaffung von »Eigentümern« ein ideologisches Bollwerk gegen eine Rückkehr zur kommunistischen Ordnung zu errichten.

Die erste Privatisierungswelle wurde im Oktober 1992 eingeleitet. Betriebe mit weniger als 200 Beschäftigten wurden bei Auktionen versteigert, die größeren Unternehmen wurden in unterschiedlichen Varianten über Voucher privatisiert. Die häufigste Variante war, 51 Prozent der Aktien des Unternehmens über Voucher an die Belegschaft zu vergeben, 29 Prozent wurden »am freien Markt« versteigert, die restlichen 20 Prozent verblieben in staatlichem Besitz. Die Beschäftigten haben die Voucher rasch an Investmentfonds verkauft, zumal diese kaum den Eindruck erweckten, einen Wert darzustellen. Die Mehrheit der Aktienanteile wurde daher vom Streubesitz direkt in Mehrheitsbeteiligungen umgewandelt; neue Mehrheitseigentümer waren zumeist die alten Direktoren der kommunistischen Staatsbetriebe. Letztlich war die Privatisierung nichts anderes, als staatliche Unternehmen an das Management dieser Betriebe zu »verschenken«. Andere Unternehmen wieder schlitterten unmittelbar nach der Privatisierung in den Konkurs – die Voucher waren damit wertlos.

Ein weiterer Nachteil dieser Privatisierungswelle war der Umstand, dass den nunmehr entstaatlichten Betrieben kein Kapital zugeführt wurde. Außerdem wurden die neuen Eigentümer auch nicht angehalten, in die Betriebe zu investieren und die Anlagen zu modernisieren. In vielen Fällen waren die neuen Besitzer auch gar nicht daran interessiert; aus den Unternehmensanlagen wurde der maximale kurzfristig realisierbare Gewinn abgezogen und das Unternehmen ausgehöhlt. Zahlreiche Unternehmen wurden auf diese Weise ruiniert.

Die lukrativsten Sektoren der russländischen Volkswirtschaft – der Rohstoff- und der Telekommunikationssektor – wurden im Rahmen der zweiten Privatisierungswelle 1995–1997 veräußert. Daraus sind die in der russländischen Bevölkerung so verhassten Oligarchen, die Eigentümer großer finanz-industrieller Holdings, hervorgegangen. Abgewickelt wurde diese Privatisierung von Ölunternehmen, metallurgischen und petrochemischen Betrieben im Rahmen der »*loans for shares*«-Initiative, die vom damaligen für die Wirtschafts- und Finanzpolitik zuständigen stv. Ministerpräsidenten Anatolij Čubajs initiiert wurde.

Das Konzept sah vor, das chronisch defizitäre russländische Budget durch Kredite von kapitalstarken russländischen Banken zu stützen. Der Staat hinterlegte als Sicherheiten für die Kredite Mehrheitsanteile an den Staatsbetrieben der genannten Branchen. Da die Kredite nicht zurückbezahlt werden konnten, erhielten die Banken das Recht, die Aktienanteile an den Staatsbetrieben in Auktionen zu veräußern. Zu diesen Auktionen wurden ausländische Bieter nicht zugelassen; begründet wurde dies mit der besonderen Rolle der angebotenen Unternehmen in der russländischen Volkswirtschaft. Der eigentliche Grund aber war, den Wettbewerbsdruck auf die heimischen Bieter gering zu halten. Die Auktionen selbst wurden zum Fiasko für den Staatshaushalt: Der Erlös der veräußerten Staatsanteile war äußerst gering, die Verkaufspreise lagen immer nur knapp über den Ausrufepreisen. Der Grund dafür lag in Absprachen zwischen den bietenden finanzstarken Unternehmen. Diese teilten die angebotenen Staatsunternehmen gleichsam vorab untereinander auf. So konnte jeder Bieter sein präferiertes Staatsunternehmen weit unter dem Marktpreis erwerben.

Durch dieses Privatisierungsschema entstanden die oligarchischen Unternehmensstrukturen, die »finanz-industriellen Holdings« – in der russischen Sprache FIGs genannt –, deren finanzielle und wirtschaftliche Kraft den weiteren Gang der russländischen Innenpolitik maßgeblich bestimmen sollte. In diesen Jahren wurde die ökonomische Machtstellung der Oligarchen, angeführt von Boris Berezovskij, Vladimir Potanin, Vladimir Gusinskij, Michail Chodorkovskij, Roman Abramovič, Michail Fridman und Viktor Vekselberg, zementiert. Zu diesen Holdings zählen nicht nur Banken und große Industrieunternehmen, sondern auch Medienkonzerne, sowohl im Bereich der Presse wie der elektronischen Unternehmen. Berezovskij kontrollierte die größte staatliche Fernsehstation *Ostankino* (ORT), Gusinskij hatte sich mit der Holding Media Most ein eigenes Medienimperium aufgebaut – mit dem landesweit drittstärksten Fernsehsender NTV (»Unabhängiges Fernsehen«), Tageszeitungen (*Sevodnja*) und Magazinen (*Itogi*).

Das finanzielle Desaster der »*loans for shares*«-Privatisierung für den russländischen Staatshaushalt war aber nicht überraschend oder durch eine dilettantische Vorgangsweise zustande gekommen; es lag diesem Deal vielmehr eine stille Koalition zwischen der politischen Führung und den finanzstärksten Unternehmen zugrunde. Das politische Gegengeschäft war die finanzielle und mediale Unterstützung, die die oligarchischen Unternehmen dem glücklosen und im Ansehen der Bevölkerung dramatisch gesunkenen Boris Jelzin bei seiner Wiederwahl 1996 angedeihen ließen. Initiiert von Anatolij Čubajs finanzierten die sieben führenden Banken – darunter die von Berezovskij und Gusinskij – Jelzins Wahlkampf. In Russland wurde dies als *Semibankirovščina* bezeichnet, als »Herrschaft der sieben Banken«.

Zugleich zogen führende Unternehmer in die Regierungskabinette Jelzins ein. Berezovskij wurde vorübergehend zum stv. Sekretär des Nationalen Sicherheitsrates, später Exekutivsekretär der SNG/GUS, der losen Assoziation der ehemaligen Mitgliedsstaaten der UdSSR. Vladimir Potanin wurde – nach der Wiederwahl Jelzins – im August 1996 zum Ersten stv. Ministerpräsidenten ernannt, zuständig für Wirtschaft und Finanzen. Die extreme Verschränkung von politischer und ökonomischer Macht in Russland hat darin ihren Anfang genommen.

Wie aber hatten die Banken das Kapital angehäuft, um Kredite an den russländischen Staat vergeben zu können? In den letzten Jahren der Sowjetunion begannen Funktionäre des Staatssicherheitsdienstes (KGB) und der Staatspartei, Handelsunternehmen zu gründen, die vor allem Güter der Leicht- und Konsumgüterindustrie importieren und Rohstoffe exportieren konnten. Die Exporterlöse wurden dabei immer seltener an den Staatshaushalt abgeführt, importierte Warte wurde exklusiv auf dem Inlandsmarkt abgesetzt. Zumeist erhielten diese Firmen, wie auch andere kleine Unternehmen kommunistischer Funktionäre, staatliche Aufträge, deren Leistungen überteuert verrechnet wurden. Kapitalinvestitionen zum Ausbau der Unternehmen wurden durch billige staatliche Kredite ermöglicht. Die Geschäfte der Unternehmen wurden über eigene Banken abgewickelt, die auch Gelder aus dem staatlichen Pensionsfonds sowie Zolleinnahmen verwalten konnten. Der Beginn des »freien« Unternehmertums in Russland lag damit in der korrupten Selbstbereicherung der kommunistischen Staatsfunktionäre.

Der Verfall der russländischen Streitkräfte

Der Status der Großmacht Sowjetunion war eng mit seiner militärischen Stärke verbunden. Die UdSSR als Land- und Seemacht mit starken konventionellen Streitkräften und nuklearer Parität mit der USA war daher nicht nur eine ideologische, sondern vor allem auch, und immer mehr, eine militärische Gegenmacht. Mit dem Zusammenbruch der wirtschaftlichen und finanziellen Stärke erodierte aber auch die militärische Schlagkraft.

Vor dem Zusammenbruch der Sowjetunion lag die Sollstärke der Streitkräfte bei 4,1 Millionen Mann; 2,8 Millionen wurden in die Streitkräfte Russlands übernommen. Russland erbte damit eine Armee mit deutlich überhöhter Mannschaftsstärke, deren Struktur und Doktrin auf einen umfassenden konventionellen Krieg mit einer Territorialarmee ausgerichtet war. Der Umbau der Streitkräfte zu einer modernen, schnell einsetzbaren, schnell verlegbaren und flexiblen Armee ist bis heute nicht gelungen. Anläufe zu strukturellen Reformen sind bislang an den finanziellen Rahmenbedingungen, aber auch am Widerstand des Generalstabs der Streitkräfte gescheitert.

Zu den drängendsten Problemen, die eine radikale Militärreform erfordern, zählen die soziale Verwahrlosung der Wehrpflichtigenarmee, der niedrige Ausbildungsstand, die geringen Übungs- und Trainingsmöglichkeiten, die veraltete Geräteausstattung insbesondere im konventionellen Sektor und ein noch immer relativ niedriger Wehretat, dessen Ausgabenstruktur verändert werden muss.

In den ersten Jahren der russländischen Eigenständigkeit hat sich die soziale Lage der Soldaten erheblich verschlechtert. Die mangelnde Versorgung der Einheiten mit Nahrungsmitteln und Kleidung, das Fehlen ausreichenden Wohnraumes für die Offiziere und deren Familien, der Verfall der Disziplin, Desertionen, geringer Bildungsgrad der Wehrpflichtigen, Drogenmissbrauch und der sinkende Ausbildungsstandard waren die sichtbarsten Merkmale einer auseinanderfallenden Armee. Die sozialen Missstände verschärften sich noch durch die Rückkehr von Soldaten aus den anderen Landesteilen der Sowjetunion, vor allem auch aus den osteuropäischen Staaten. Weder der Generalstab noch die Regierung unter Jelzin arbeiteten mit Nachdruck daran, die missliche Lage der Soldaten zu verbessern.

Bis 2008 war die Wehrpflicht mit zwei Jahren festgesetzt, nunmehr wurde sie auf ein Jahr gesenkt. Zunächst waren die russländischen Streitkräfte eine ausschließliche Wehrpflichtigenarmee, nur langsam wurde der Anteil der vertraglich gebundenen Berufssoldaten (*kontraktniki*) erhöht. Die Ausweitung der Zahl der Berufssoldaten scheitert bisher aber vor allem daran, dass die Bezahlung viel zu niedrig und die sozialen Bedingungen, vor allem bei der Bereitstellung von Wohnraum für die Berufssoldaten und deren Familien, nicht attraktiv sind.

Das harte Los der Rekruten

Der Status als Wehrpflichtigenarmee hat die Rekrutierungsprobleme erheblich verschärft: Zum einen gibt es zahlreiche gesetzliche Ausnahme- oder Aufschiebebestimmungen vom Wehrdienst (etwa für Studierende), medizinische

Rückstellungsgründe, vor allem aber finanzielle Bestechung der Wehrerfassungsbehörden, um sich dem Wehrdienst gänzlich zu entziehen. Sozial besser gestellte Familien können ihre Söhne daher leichter vor der Einberufung schützen, weshalb die eingezogenen Rekruten v. a. aus ärmeren, weniger gebildeten, ruralen Schichten stammen. Die russländischen Streitkräfte sind zu einer Unterschichtarmee geworden. Der Gesundheitszustand (Unterernährung, chronische Erkrankungen, Alkohol- oder Drogenabhängigkeit) und der sozial-moralische Zustand (Vorstrafen) sind äußerst bedenklich, sodass viele eingezogene Rekruten nach kurzer Zeit wieder aus den Reihen der Streitkräfte entlassen werden müssen. Die brutalen Ausbildungsmethoden, die schlechten Unterbringungsverhältnisse, die Ausbeutung als »Arbeitssklaven« durch ihre Vorgesetzten und die schikanöse Behandlung und sadistische Züchtigung der Rekruten durch übergeordnete Diensthabende (*d'edovščina*) erzeugen einen immensen psychischen Druck auf die jungen Rekruten. Die Zahl der Desertionen und der Suizide in der Armee ist daher sehr hoch. Nach offiziellen Angaben haben sich 2008 231 Rekruten das Leben genommen. Besonders tragisch sind die zahlreichen Fälle von Misshandlungen junger Rekruten durch die Soldatenkollegen, die bereits im zweiten Dienstjahr sind. Grausame und schikanöse Behandlungen führen immer wieder zu Todesfällen. Täter sind dabei aber auch höhere Offiziere, die in einer Mischung aus Sadismus und Alkoholisierung junge Rekruten immer wieder schwer misshandeln. Helle Empörung löste der Fall eines jungen Rekruten, Pavel Syčov, im Januar 2006 aus, dem nach einem stundenlangen Martyrium zunächst medizinische Hilfe versagt wurde, bis sein Leben nur noch durch Amputation beider Beine und seiner Genitalien gerettet werden konnte.

Viele dieser Grausamkeiten werden niemals öffentlich, werden aber auch innerhalb der Streitkräfte nicht sanktioniert. Anzeigen bei der Militärstaatsanwaltschaft bleiben häufig ohne Folgen. Gerade um Soldaten, die unter diesen tragischen Ausbildungsverhältnissen leben müssen, kümmert sich das »Komitee der Soldatenmütter«, eine NGO, geführt von Valentina Melnikova, die mit geringen finanziellen Mitteln, aber immensem persönlichen Einsatz über öffentlichen Druck und praktische Hilfe immer wieder bei Einzelschicksalen zu helfen vermag.

Militärausgaben

Die völlige Umstellung der Streitkräfte auf eine Berufsarmee ist derzeit trotz des steigenden Wehretats nicht zu finanzieren. Die Absenkung des Wehrdienstes auf ein Jahr ab 2008 bei gleichzeitigen geburtenschwachen Jahrgängen stellt die Wehrbehörden aber vor große Schwierigkeiten, die Mannschaftsbestände tatsächlich aufzufüllen. Die Rekrutierungsrichtlinien zur Einberufung wehrdiensttauglicher junger Männer wurden erheblich verschärft; auch wenden die Wehrkreisämter immer aggressivere Methoden an, um der Rekruten habhaft zu werden. Trotzdem wird die Sollzahl der Streitkräfte bis 2012 auf eine Million Soldaten abgesenkt werden müssen; russländische Experten halten eine weitere Absenkung auf 800 000 Soldaten für militärisch vertretbar. Nur die VR China, die USA und Indien haben höhere Personalstärken. Bis 2012 ist auch eine Reduktion des zivilen Personals der Streitkräfte auf 600 000 Personen vorgesehen.

Der russländische Verteidigungshaushalt ist seit 1999 von

109 Mrd. Rubel (RR) auf 593 Mrd. RR in 2007 angewachsen. Die nominale Steigerung des Verteidigungshaushalts ist auch inflationsbereinigt damit sehr hoch. Berücksichtigt man die Kaufkraftstärke (*power purchasing parities*), erreichte der Militärhaushalt 2006 annähernd 70 Mrd. USD. Gemessen am Bruttoinlandsprodukt nehmen sich die Steigerungsraten hingegen weniger eindrücklich aus: 1999 betrugen die Militärausgaben 2,34 Prozent des BIP, erreichten 2005 mit 2,83 Prozent den höchsten Wert und sind bis 2007 auf 2,63 Prozent des BIP abgesunken. Allerdings gilt es anzumerken, dass der russländische Militäretat höchst intransparent ist und zahlreiche militärbezogene Ausgaben in anderen Ausgabenposten des Staatshaushaltes »versteckt« sind. Der Anteil der Verteidigungsausgaben am russländischen Staatshaushalt lag in den letzten Jahren bei durchschnittlich 16 Prozent; 2007 bei 15 Prozent. Ausgaben für Bildung und Gesundheit hingegen betragen nur 5,1 bzw. 3,8 Prozent. Die Bildungsausgaben lagen 2007 damit bei lediglich einem Drittel, die Ausgaben für Gesundheit bei lediglich einem Viertel der Verteidigungsausgaben. Die Ausgaben für Verteidigung und für innere Sicherheit beanspruchten 2007 27,2 Prozent der gesamten Staatsausgaben; dabei ist, wie gesagt, zu berücksichtigen, dass auch in anderen Budgetposten noch militärische Ausgaben enthalten sind.

Ein zusätzlicher Mangel der russländischen Streitkräfte liegt in der Struktur des Wehretats. Der Anteil der Personalausgaben ist noch immer zu hoch. Ausgaben für Forschung und Entwicklung, vor allem aber für die Beschaffung neuer Ausrüstung sind nach 1991 drastisch eingebrochen. Insbesondere die Kriegsmarine und die Luftwaffe waren von dem Stillstand in der Modernisierung des militärischen

Geräts betroffen. Die Entwicklungsarbeiten für die fünfte Generation von Suchoj-Kampfflugzeugen – die Su-34 und T-50 – sind noch lange nicht abgeschlossen. Die Zahl der Trainingsflugstunden von Kampfflugzeugpiloten lag in den neunziger Jahren unter zehn Stunden jährlich, weil Kerosin und Ersatzteile fehlten. Die Marine hat in den letzten 17 Jahren überhaupt keine neuen Kriegsschiffe in Dienst gestellt. Russland verfügt über vier Flotten: die Baltische Flotte, die Schwarzmeerflotte, die Nordflotte und die Pazifische Flotte. Die strategisch wichtigste und am besten ausgerüstete Flotte ist die Nordflotte. Die russländische Marine verfügt nur über einen Flugzeugträger – die *Admiral Kuznecov*.

Das Arsenal der russländischen Streitkräfte

Staatsführung und Generalstab hatten angesichts der beschränkten finanziellen Mittel der Ausrüstung und Modernisierung der nuklearen Einheiten vor den konventionellen Teilstreitkräften den Vorrang gegeben.

Russlands strategische Raketenstreitkräfte sind das Rückgrat des militärischen Machtanspruchs Russlands. Aber auch die Triade aus landgestützten Interkontinentalraketen (ICBMs), seegestützten Langstreckenraketen (SLBMs) und strategischen Bombern ist von der finanziellen Austrocknung der Streitkräfte nicht unberührt geblieben. Sowohl die Zahl dieser Trägersysteme als auch die Zahl der nuklearen Sprengköpfe ist deutlich gesunken – weit über die Vorgaben des strategischen Rüstungskontrollabkommens (Start-1) mit der USA hinaus. Die Zahl der Trägersysteme ist seit 1990 von 2500 auf 39 zurückgegangen, jene der Sprengköpfe von 10 271 auf 4138 (1. Juli 2008). Die russländischen Nuklearstreitkräfte liegen bei beiden Indikatoren hinter der Nuklearstärke der USA; diese verfügte mit 1. Juli 2008 über 1214 Trägersysteme und 5951 Sprengköpfe. Russland ist damit der strategischen nuklearen Parität verlustig gegangen.

Wie ehemals die Sowjetunion stützt sich auch Russlands Atomstreitmacht vor allem auf landgestützte Interkontinentalraketen, die in Silos gelagert oder auf schweren Transportfahrzeugen bzw. Eisenbahnen landbeweglich gehalten werden. 56,3 Prozent der Triade sind ICBMs, 27,3 Prozent der Nuklearsprengköpfe werden durch strategische Bomber transportiert, 48,8 Prozent durch ICBMs und nur 5,3 Prozent in nuklearbetriebenen strategischen Unterseebooten. Aufgrund des hohen Anteils landgestützter Nuklearwaffen ist das strategische Arsenal Russlands verwundbarer; der Anteil der seegestützten Nuklearwaffen der USA ist deutlich höher.

Das Raketenarsenal der russländischen Streitkräfte ist heute stark veraltet. Die Raketenvarianten RS-18, RS-19 und RS-25 werden in den kommenden zehn Jahren dekommissioniert werden müssen; viele wurden bereits in den siebziger Jahren gebaut und erreichen das Ende ihrer Einsatzbereitschaft. Seit 1997 wurden nur 51 neue Raketen in Betrieb genommen. Die beiden modernen landgestützten Nuklearraketen Russlands sind die Topol-M und die RS-24 Sineva; Letztere soll ab Dezember 2009 stationiert werden.

Russland verfügt nur mehr über 14 strategische U-Boote. 2008 wurde das erste U-Boot nach dem Zusammenbruch der UdSSR fertiggestellt – die *Jurij Dolgorukij*, die aber noch nicht raketenbestückt ist, weil die dafür entwickelte Rakete »Bulava« noch entwicklungstechnische Defizite zeigt. Dieses U-Boot ist das erste der neuen Generation der

Borej-Klasse. Die Luftwaffe verfügt noch über 79 strategische Bomber, die Tupolev-160 und die Tupolev-95.

Aber trotz der absinkenden strategischen nuklearen Parität mit der USA ist es das vorrangige Ziel der im Oktober 2008 angekündigten militärischen Reformen, die konventionellen Streitkräfte zu stärken. Dazu gehört nicht nur eine modernisierte technische Ausstattung, sondern auch der Aufbau eines professionellen Offizierskorps, insbesondere bei den mittleren Chargen. Die Erhöhung des Solds und verbesserte soziale Rahmenbedingungen sind auch erforderlich, um die Fluktuation im Offizierskorps abzusenken. Derzeit scheiden sehr viele gut ausgebildete Offiziere vorzeitig aus den Streitkräften aus. Die Anzahl der Generäle wiederum ist in den russländischen Streitkräften viel zu hoch – derzeit sind es mehr als 1100; ihre Zahl soll bis 2012 auf 900 Stabsstellen abgebaut werden.

Erhebliche Schwächen zeigen die russländischen Streitkräfte auch in der Aufklärung, Zielerfassung und der Luftraumüberwachung, bei der Fähigkeit zur elektronischen Kriegführung, der Fähigkeit zu umfassenden konventionellen Operationen in der Dunkelheit und beim strategischen Lufttransport.

Die geplante Militärreform

Im Oktober 2008 kündigte Verteidigungsminister Serdjukov eine radikale Militärreform an. Serdjukov war im Februar 2007 von Putin ernannt worden. Die zivile Führung des Verteidigungsministeriums blieb damit nach der Abberufung des Nachrichtendienstoffiziers Sergej Ivanov erhalten. Serdjukov selbst hat keinen Militärdienst geleistet. Der in Leningrad geborene Jurist und Außenhandelsexperte arbeitete bis 2003 als Leiter der Steuerbehörde in seiner Heimatstadt Sankt Petersburg. 2004 wurde er zum Leiter der Föderalen Steuerbehörde ernannt. Mit seiner Berufung als Verteidigungsminister zielte Putin nicht zuletzt darauf ab, die Korruption im Ministerium, vor allem aber auch im Generalstab, zu bekämpfen. Das Beschaffungswesen sollte ebenfalls transparenter werden. Auch deshalb steht ihm das höhere Offizierskorps sehr feindlich gegenüber. Serdjukov ist darüber hinaus Mitglied des staatlichen Technologiekonzerns Rostechnologii, zu dem auch die staatliche Rüstungsexportfirma Rosoboroneksport gehört. Auf diese Weise soll Serdjukov Einblick in die Rüstungsexportgeschäfte erhalten, die sehr stark von korrupten Praktiken durchsetzt sind.

Hauptziel der angekündigten Militärreform ist die Abkehr von der Doktrin eines umfassenden konventionellen Krieges. Die Streitkräfte sollen restrukturiert und es sollen statt der personalstarken Divisionen kleinere, schnell einsetzbare, gut ausgerüstete und schnell verlegbare Brigaden geschaffen werden; im Reformkonzept ist die Bildung von 80 Brigaden vorgesehen. Dem liegt eine völlig neue Bedrohungswahrnehmung zugrunde: Aufgabe der Streitkräfte ist vor allem die Fähigkeit, lokale Konflikte am Südrand Russlands, und mehr noch in den zentralasiatischen Staaten, mit denen Russland in einem Militärbündnis – dem Vertrag über kollektive Sicherheit (DKB) – verbunden ist, zu beherrschen. Bündnispartner wie Kyrgyzistan, Uzbekistan und Tajikistan sind erheblich von islamistischen Destabilisierungsoperationen bedroht.

Das Verteidigungsministerium will auch die Kommandokette vereinfachen, um die Kommunikation der operativen Einheiten mit den Kommandanten der sechs russländischen Militärbezirke zu verbessern. Die Brigaden werden nicht mehr direkt den Oberkommandanten der Teilstreitkräfte im Generalstab verantwortlich sein. In jedem Militärbezirk sollen Luftlandebrigaden eingesetzt werden. Die ständig in Bereitschaft stehenden Krisenreaktionseinheiten sollen nur mehr mit Berufssoldaten beschickt werden.

Bis 2012 soll die Zahl der Offiziere von 355 000 auf 150 000 abgesenkt werden. Die Kürzung ist vor allem für die Generalität und die Oberste vorgesehen, während die Zahl der Leutnante erhöht werden wird.

Russland will zwischen 2007 und 2015 mehr als 145 Mrd. € für Beschaffung ausgeben, d. h. für neues militärisches Gerät. Offen ist derzeit, inwieweit die durch die Finanzkrise 2008 erheblich verschlechterte budgetäre Situation dieses ambitionierte Vorhaben aushöhlen wird.

Die russländische Rüstungsindustrie nimmt derzeit aber immer noch mehr durch Waffenexporte ein denn durch staatliche Rüstungsaufträge. 2008 erwartet Russland Rüstungsexporteinnahmen von 7–7,5 Mrd. USD. Die traditionellen Waffenexportmärkte sind die VR China und Indien. In den letzten Jahren waren die Rüstungsfirmen aber auch sehr erfolgreich bei der Erschließung neuer Märkte in Nordafrika (v. a. Algerien, Libyen), Südostasien (Indonesien, Malaysia) und Südamerika (Venezuela). Die Einnahmen aus den Rüstungsexporten liegen derzeit über jenen der USA.

Tschetschenien: die Tragödie einer verlorenen Generation

Tschetschenien – ein verarmter Landstrich im nördlichen Kaukasus – ist ein Lehrbeispiel für ökonomisch, ethnisch und zunehmend religiös motivierten Separatismus. Der Wunsch nach Loslösung vom russländischen Staat war das Ergebnis sozial-ökonomischer Verwahrlosung und politischer Vernachlässigung durch die russländische Zentralmacht, vor allem aber der Erinnerung an die erlittenen Demütigungen und Verbrechen des zaristischen Russland und der stalinistischen Diktatur.

Wer sie Tschetschenen nennt, erregt schon ihr Misstrauen. Es sind die Russen, die sie so nennen; sie selbst sehen sich als das Volk der Nochtscho, ihr Land heißt Ičkerija. Nach der langwierigen blutigen Unterwerfung des nordkaukasischen Volkes unter zaristische Herrschaft 1864 und Jahrzehnten brutaler zaristischer Unterdrückung wurde 1944 nahezu die gesamte Bevölkerung der Region (Tschetschenen und Inguschen) nach Zentralasien und Sibirien deportiert – als Strafe für deren (angebliche) Kollaboration mit den nazideutschen Besatzungstruppen. In den Viehwaggons, in denen diese Menschen abtransportiert wurden, verhungerten und verdursteten Abertausende, mehr noch sind in der Verbannung umgekommen. 1957 wurden die beiden Volksgruppen rehabilitiert; die deutliche Mehrheit von ihnen kehrte in ihre nordkaukasische Heimat zurück.

Es war ein sowjetischer Luftwaffengeneral, Džochar Dudaev, der 1991 im Rahmen einer säkularen ethnisch-separatistischen Bewegung die Unabhängigkeit Tschetscheniens erklärte. Moskau kümmerte sich zunächst kaum darum, war zu sehr in eigene innere Machtkämpfe verstrickt. Bis 1994 sollte die nordkaukasische Region faktisch selbstständig bleiben. Das kleine Land aber versank schnell in immer heftigere Auseinandersetzungen zwischen den vielen Stämmen (*tejps*), in die die tschetschenische Volksgruppe zerfällt. Kämpfe um Macht, Schmuggelgut, illegal raffiniertes Öl, Waffen und Narkotika prägten die Lage. Moskau bemühte sich, diese Stammesrivalitäten zu nutzen, um Dudaev zu stürzen. Als eine verdeckte russländische Geheimdienstoperation zum Sturz des Generals im November 1994 scheiterte, entschloss sich die russländische Führung zur offenen militärischen Intervention.

Was ein »kleiner siegreicher Krieg« – so der damalige russländische Verteidigungsminister Gračov – werden sollte, wurde zu einem blutigen und zermürbenden Feldzug, der die Widerstandskraft der Sezessionisten und die Schwäche der zerfallenden russländischen Armee zeigte. Jelzin und seine Berater hatten sich gegen den Widerstand des Generalstabs und selbst des Verteidigungsministers zur militärischen Intervention entschieden. Die Generäle wussten, dass die Armee für eine derartige Militäroperation nicht vorbereitet war. Zahlreiche Offiziere schieden aus Protest gegen die Entscheidung Jelzins aus der Armee aus. In den Krieg sandte das Jelzin-Lager kaum ausgebildete junge Rekruten. Die militärischen Einheiten wurden mit Soldaten bestückt, die niemals zuvor gemeinsame militärische Übungen abgehalten hatten. Bedingt durch die schlechte Ausrüstung und die niedrige Moral wurden viele junge Rekruten zum Schlachtvieh auf den Kampfplätzen eines brutal geführten Feldzugs.

Russland wurde im August 1996 zu einem demütigenden Waffenstillstand in Chasavjurt gedrängt. Jelzin musste der nordkaukasischen Region freie Wahlen zugestehen. Über die Unabhängigkeit Tschetscheniens sollte nach fünf Jahren ein demokratisches Referendum abgehalten werden. Der erste Krieg hat ca. 8000 russländischen Soldaten das Leben gekostet, 52 000 wurden verwundet. Die Zahl der tschetschenischen Todesopfer wird auf 80 000–100 000 geschätzt.

Viele der jungen russländischen Soldaten, die in diesem Krieg zu Tätern geworden waren, waren zuvor selbst Opfer gewesen. Opfer einer zynischen russländischen Führung, die sie beinahe als Kinder, ohne militärische Ausbildung und ohne taugliche Ausrüstung in diesen Krieg getrieben hatte. Archaische Gräueltaten junger russländischer Soldaten waren auch aus Angst, aus der Brutalisierung eines grausamen Krieges heraus geschehen. Viele dieser jungen Soldaten trugen, auch wenn sie nicht körperlich versehrt in ihre Städte und Dörfer zurückkehrten, seelische Narben davon; vielen von ihnen ist es nicht mehr gelungen, sich in der alltäglichen Lebenswirklichkeit zurechtzufinden.

Aus den ersten freien Präsidentenwahlen in Tschetschenien (1997) ging der Stabschef des Widerstandes Aslan Maschadov als eindeutiger Sieger hervor. Maschadov wählte einen moderaten säkularen Kurs und suchte die Unterstützung der russländischen Zentralregierung für den Wiederaufbau des kriegszerstörten Landes. Maschadov, dessen Autorität kaum über die Hauptstadt Groznyj hinausreichte, ist es aber nicht gelungen, die rivalisierenden Stämme zu einen und die zahlreichen Feldkommandeure des Widerstands zu entwaffnen. Das Land versank in anarchische Rechtlosigkeit. Plünderungen, Entführungen, Schmuggel und Morde marodierender Banden verhinderten den Wiederaufbau. Tschetschenien ist in dieser Phase in einen Zustand krimineller Anarchie mit aufgelöster staatlicher Ordnung abgeglitten. Der kriegsverwüstete Landstrich konnte damals zurecht als Staatsruine, als gescheiterter Staat bezeichnet werden, dessen Instabilität nicht innerhalb der eigenen Grenzen eingehegt blieb, sondern zunehmend destabilisierend auf die angrenzenden russländischen Regionen – allen voran Dagestan und Ingušetien – ausstrahlte.

Die Islamisierung des Widerstands

In diesen Jahren spaltete sich der tschetschenische Widerstand in zwei Lager: Der moderate nationalistische Flügel um Aslan Maschadov verlangte die staatliche Unabhängigkeit Ičkerijas. Diesem Lager rechneten sich auch die gemäßigten, aus der sowjetischen Tradition gewachsenen islamischen Gelehrtenkreise zu. Davon grenzte sich der erstarkende islamistische Flügel um Šamil Bassaev, ibn al-Chattab, Abu al-Walid, Movladi Udugov, Zelimchan Jandarbiev, Arbi Baraev, Movsar Baraev und Salman Raduev ab. Die Islamisierung des ehemals ausschließlich ethnisch-säkularen Widerstands war das Ergebnis des ersten Krieges; sie war damals teilweise autochthon unter Aufnahme alter Widerstandstraditionen, teilweise durch Anleitung der einsickernden ausländischen islamistischen Söldner erfolgt – die meisten von ihnen hatten bereits in Afghanistan gegen die sowjetische Besatzung 1979–1989 oder im tadschikischen Bürgerkrieg 1992–1997 gekämpft –. Die Einführung strengerer islamistischer Regeln war auch für die Führung eines partisanenähnlichen Rebellenkrieges, der Disziplin erforderte, nützlich. Zudem war der Einsatz islamistischer Losungen auch ein nützliches Instrument im innertschetschenischen Machtkampf um die Führung des Landes nach dem Waffenstillstand von Chasavjurt. Nicht zuletzt bot die Islamisierung aber auch die Möglichkeit, auf finanzielle Unterstützung ausländischer islamistischer Organisationen zurückzugreifen.

Das Ziel des islamistischen Flügels, dessen radikalster ideologischer Führer Movladi Udugov ist, war längst nicht mehr nur die staatliche Selbstständigkeit Tschetscheniens, sondern die Ausweitung des Konflikts – der nunmehr als *gazawat* (Heiliger Krieg) verstanden wurde – auf den gesamten islamischen Nordkaukasus und die Errichtung eines islamischen Imamats aus Tschetschenien, Ingušetien und Dagestan; der islamische Nordkaukasus sollte aus Russland herausgebrochen werden. Die Ideologie dieses radikalen Flügels reiht sich ein in die Tradition des tschetschenischen Widerstandes im 19. und frühen 20. Jahrhundert. Viele der extremistischen Rebellen wurden zwischen 1996 und 1999 in afghanischen und pakistanischen Lagern ausgebildet und im radikalen Islamismus unterwiesen. Finanziert durch wahhabitische Wohlfahrtsorganisationen (siehe auch S. 68 f.) wurden auch in Tschetschenien selbst islamistische Ausbildungslager unterhalten.

Unter dem Druck dieser Radikalen war der säkulare Maschadov gezwungen, das Land immer mehr zu islamisieren – bis hin zur Anordnung, eine islamische Verfassung auszuarbeiten und das islamische Recht, die Schari'a, einzuführen. Maschadov zeigte als legitim gewählter Präsident Tschetscheniens deutliche Führungsschwächen, beging zahlreiche taktische und strategische Fehler. Seine Autorität unter den Rebellen und damit seine Zweckdienlichkeit als

Verhandlungs- und Gesprächspartner der russländischen Staatsführung waren bereits vor dem zweiten russländischen Feldzug gegen Tschetschenien, der 1999 beginnen sollte, nachhaltig erodiert.

Die russländische Führung war zwar zunehmend besorgt über den schleichenden Machtverlust Maschadovs, der als einziger Rebellenführer Bereitschaft zeigte, einen moderaten Verhandlungskurs mit Moskau zu verfolgen. Die ethnisch-nationalistische Eingrenzung und Beschränkung des Rebellenwiderstandes, die Maschadov bislang garantieren konnte, vor allem aber die pragmatische Vertagung der Unabhängigkeitsfrage, waren damit gefährdet; die russländische Staatsführung hat aber auch nichts getan, um Maschadov nachhaltig zu unterstützen. Die dringend notwendige wirtschaftliche und finanzielle Hilfe für den Wiederaufbau des kriegszerstörten Landes blieb aus. Die finanzielle Unterstützung wurde immer wieder an die Bedingung geknüpft, dass Tschetschenien den Verbleib im russländischen Staatsverband akzeptiert. Ein derartiges Zugeständnis hätte Maschadov aber bei den radikalen Sezessionisten gänzlich isoliert. Russland weigerte sich, Pensionen auszubezahlen, und finanzielle Mittel, um die Infrastruktur und das Gesundheits- und Bildungswesen wieder aufzubauen, blieben fast völlig aus. Zudem wurde ein erheblicher Teil der ohnehin spärlichen Gelder aus dem russländischen Staatshaushalt veruntreut; die Korruption nicht nur der russländischen, sondern auch der tschetschenischen Behörden war immens. Aber auch die politische Unterstützung Maschadovs, insbesondere ein Abkommen über größere Autonomie, blieb aus. Russland verweigerte letztlich jegliche Unterstützung für einen Stabilisierungskurs und überließ Tschetschenien sich selbst. Der moderate Kurs Maschadovs wurde damit durch die russländische Zentralregierung diskreditiert.

Ein Vernichtungsfeldzug

Es waren die radikalen Islamisten, die den Russen den Vorwand lieferten, erneut militärisch zu intervenieren. Nach deren Überfall auf die Nachbarrepublik Dagestan im August 1999 und den vermutlich von Tschetschenen oder wahhabitischen Dagestani verübten Attentaten auf Wohnhäuser in Moskau und Volgodonsk erteilte der bis dahin wenig bekannte Vladimir Putin – kurz zuvor zum Vorsitzenden der russländischen Regierung ernannt – den erneuten Einmarschbefehl. War der erste Krieg noch vermeidbar und ein Feldzug der Wahl gewesen, kann der zweite Krieg als unvermeidliche Notwendigkeit gesehen werden. Die Staatsruine Tschetschenien war zu einem massiv destabilisierenden Faktor im Nordkaukasus geworden.

Anders als der erste Feldzug war der zweite Krieg in der russländischen Bevölkerung sehr populär: Nun wurde der Krieg nicht mehr um die territoriale Integrität Russlands geführt, sondern um die Sicherheit eines jeden russländischen Bürgers, der durch islamistische Terroristen bedroht war/schien. Das brutale Vorgehen der russländischen Streitkräfte blieb der russischen Bevölkerung weitgehend verschlossen; anders als im ersten Krieg wurde den staatlich kontrollierten Medien verwehrt, das grässliche Gesicht barbarischer Kriegsführung zu zeigen.

Die russländische Öffentlichkeit wurde über das Grauen des zweiten Krieges kaum oder irreführend informiert. Journalisten, die in das Kriegsgebiet reisen wollten, mussten um eine spezielle Akkreditierung ansuchen und durften sich im Kriegsgebiet nur äußerst restriktiv bewegen. Die offizielle Informationspolitik wurde in dem eigens geschaffenen RosInformCentr kanalisiert. Dazu kam, dass die Furcht vor Entführungen bei Journalisten zugenommen hatte und viele sich nicht mehr in das Kriegsgebiet wagten.

In einem Vernichtungsfeldzug der russländischen Truppen, der die Schmach des verlorenen ersten Krieges vergessen lassen sollte, wurde der islamistische Widerstand niedergerungen. Die Führung der Streitkräfte hatte auch die militärische Strategie geändert. Der wahllose Beschuss tschetschenischer Siedlungen durch russländische Artillerie und die Bombardierung der (Rebellen-)Stellungen aus der Luft trugen dazu bei, die Verlustrate der eigenen Soldaten, verglichen mit dem ersten Feldzug, deutlich abzusenken; umso mehr aber stieg die Zahl der zivilen Opfer auf der Gegenseite. Immer wieder wurden auch Flüchtlingskolonnen getroffen. Trotz anders lautender Zusagen haben die russländischen Streitkräfte auch nichts getan, um die vereinbarten Flüchtlingskorridore zu schützen oder Zivilisten aus den Kriegsgebieten zu verbringen. Plünderungen, Säuberungen, Vergewaltigungen, Exekutionen und archaische Gewalt prägten das Vorgehen der russländischen Einheiten. Die Reaktion der in die Berge getriebenen Rebellen war ähnlich grausam; auch sie mordeten und schlachteten den russländischen Gegner und Kollaborateure, vor allem tschetschenische Polizisten, auf grausamste Weise.

Der Krieg war aber auch ein Vehikel, um Vladimir Putin den Weg in das Präsidentenamt zu ebnen. Der Krieg trug Putin auf einer Woge nationalistischer Begeisterung auf den Zarenthron und schickte täglich durchschnittlich sechs Soldaten in den Tod.

Islamistischer Extremismus und Terrorismus

Der brutale russländische Säuberungs- und Vernichtungskrieg hat zu einer ungemeinen Verrohung geführt und die Archaisierung der Gewalt beschleunigt. Der Krieg hat seine eigenen Missgeburten herangezüchtet. Die radikal-islamistischen nordkaukasischen Geiselnehmer, die im Oktober 2002 in einem Moskauer Theater und im September 2004 in einer Schule in Bezlan Terroranschläge verübten, sind die Kinder des Krieges; sie wurden zu dessen Bestien und unmenschlichen Fratzen.

Sie gehören zu jener Generation, die beim Ausbruch des ersten Krieges 1994 noch Kinder waren; sie sind aufgewachsen inmitten grausamer Brutalität und archaischer Gewalt und haben durch den Krieg auch eine zivile Lebensperspektive verloren. Diese »verlorene Kindheit« ließ sie zu leichten Opfern islamistischer Verführung werden. Die ersten islamistischen ausländischen Kämpfer, die nachhaltig auf den endogenen Widerstand einwirkten, sind 1995 nach Tschetschenien gekommen. Ihr Anführer war der 2002 ermordete saudische Araber ibn al-Chattab, Anführer der »Internationalen Islamischen Brigade«.

Dabei ist der wahhabitische extremistische Islam den nordkaukasischen Völkern eigentlich fremd; ein traditioneller, moderater Volksislam, vertreten durch eine staatstreue Gelehrtenschar, die Verehrung lokaler Heiliger und die volkstümliche Anwendung islamischer Riten und Regeln (*adat*) hat diese Region Russlands nachhaltig geprägt.

Der vor allem durch saudische, pakistanische und jordanische Prediger in die Region getragene extremistische wahhabitische Islam hat in den letzten Jahren in der nordkaukasischen Region immer mehr Zuspruch gefunden: Die soziale Verwahrlosung und wirtschaftliche Verelendung der Region (die Mehrzahl der Bewohner stützt sich auf bäuerliche Subsistenz- und semikriminelle Schattenwirtschaft), wachsende soziale Ungleichheiten, aber auch die bisweilen korrupte Verflechtung lokaler islamischer Würdenträger mit den staatlichen Autoritäten hat die rasch anwachsende junge Bevölkerung für die sozial egalitären Parolen der religiösen Eiferer offen gemacht. Extremistischer Islam hat daher die gesamte nordkaukasische Region erfasst. Dazu kommen wachsende Anzeichen der Entfremdung vom russländischen Staatsverband und zentrifugale Neigungen der lokalen sozialen und religiösen Führungseliten.

Der brutale Säuberungskrieg russländischer Sicherheitskräfte in Tschetschenien war daher nur ein beschleunigender und radikalisierender Faktor einer Entwicklung, die auch die anderen nordkaukasischen Gesellschaften längst ergriffen hatte. Es ist die zweite Generation des tschetschenischen Widerstandes, die extremistisch islamisiert ist. Die Loslösung ihrer engeren Heimat von Russland ist für diese Marodeure längst nicht mehr das Ziel; das einigende ideologische Band für diese Kämpfer ist die Durchsetzung eines islamischen Imamats im gesamten Nordkaukasus, der damit aus dem russisch-orthodoxen Russland herausgebrochen werden soll.

Für einige der radikalen Rebellen ist der Kampf aber auch nur ein Gewerbe, eine Möglichkeit, sich gut bezahlt zu verdingen. Zahlreiche Rebellen sind längst keine Glaubenskrieger mehr oder waren es nie; auch sind sie keine national(istisch)en Separatisten. Viele sind inzwischen bezahlte Söldner, die in dem kriegszerstörten Land keinem anderen Gewerbe mehr nachgehen können als dem Kriegsgeschäft, ohne das sie ihre Familien nicht mehr ernähren können. Die totalitären Eiferer aber, die radikalen Islamisten, indigenen oder eingesickerten Hintergrunds, sind einem Kompromiss mit der russländischen Staatsführung völlig verschlossen.

Es ist diese zweite Widerstandsgeneration, die, angeführt von den islamisierten Kämpfern des ersten Kriegs, nachweislich mit internationalen islamistischen Netzwerken aus der al-Khaïda-Gruppe verbunden ist; dort erhalten sie finanzielle und logistische Unterstützung, Trainingslager, Rückzugs- und Ruheräume. Mit Waffen werden die Islamisten durch die al-Khaïda, aber auch durch korrupte russländische Sicherheitskräfte versorgt. Die Internationalisierung des Konfliktes in Tschetschenien ist nicht zu leugnen. Al-Khaïda nutzt systematisch gärende Konflikte mit muslimischer Beteiligung im Krisenbogen von Marokko bis Indonesien, um diese in einen globalistischen jihad-Zusammenhang einzubetten. Im Zentrum der al-Khaïda-Verbindungen standen Šamil Bassaev, ibn al-Chattab und Abu al-Walid. Der im Februar 2004 von russländischen Spezialeinheiten in Qatar ermordete Rebellenführer Jandarbiev hatte nachweislich finanzielle Verbindungen zum al-Khaïda-Netzwerk unterhalten. Zusammen mit dem früheren Informationsminister Movladi Udugov zählte er zum islamistischen Kern der Rebellen, der die Kommunikations- und Verbindungskanäle zwischen den nordkaukasischen Kämpfern und internationalen islamistisch-terroristischen Netzwerken unterhielt. Ein zentraler Umschlagplatz für ausländische islamistische Kämpfer war das Pankisi-Tal in Georgien, das nicht nur von tschetschenischen Flüchtlingen, sondern auch von Rebellen als Rückzugsraum benutzt wurde. Hier wurden auch Kontakte zum al-Khaïda-Netzwerk dokumentiert.

Der Rückgriff auf terroristische Kampfmethoden ist ein Merkmal der zweiten Generation des tschetschenischen Widerstandes, war aber auch der Vätergeneration nicht fremd. Die Entführung eines türkischen Verkehrsflugzeuges 1991, die Besetzung eines Krankenhauses in Budjonnovsk 1995 und die Geiselnahme in Kizljar 1996 sind dabei die markantesten Ereignisse, als der Rebellenwiderstand die Form des Terrors gegen unbeteiligte Zivilpersonen angenommen hat. Systematik in Form und Inhalt erhielt der terroristische Widerstand aber erst durch und im zweiten Krieg gegen Tschetschenien. Dazu zählen insbesondere auch die Selbstmordattentate (erstmals 1999), ausgeführt v. a. durch Frauen, die als »schwarze Witwen« bezeichnet werden. Die folgenschwersten weiblichen Suizidanschläge richteten sich im August 2004 auf zwei russländische Zivilflugzeuge.

Das Entstehen suizidal-terroristischer Widerstandsformen ist das Ergebnis einer Fülle von Faktoren. Dazu zählen die brutale Kriegsstrategie der russländischen Streitkräfte im ersten Krieg, die anhaltenden Säuberungen durch Truppen des Innenministeriums und des Inlandsgeheimdienstes, die abschätzige und entwürdigende Behandlung der Zivilbevölkerung durch russländische militärische und zivile Offizielle, das Versagen der russländischen Staatsführung, der tschetschenischen Zivilbevölkerung eine glaubwürdige zivile Lebensperspektive zu eröffnen, sowie das Ausbleiben eines offenen Diskurses der Reue und der Sühneleistung der russländischen Sicherheitskräfte. Russland ist damit Erzeuger und Geburtshelfer des suizidalen Terrorismus. Trotzdem können auch Zwang, Einschüchterung und narkotische Manipulation tschetschenischer Frauen durch die Rebellen als Faktoren für die Selbstmordanschläge angeführt werden.

Hinzu kamen aber zunehmend auch externe Faktoren, die Ansätze zum (suizidalen) Terrorismus im Nordkaukasus genährt und gefördert, finanziert, ausgerüstet und trainiert haben. Die Verwicklung staatlicher, halbstaatlicher und v. a. privater transnationaler Netzwerke in den terroristischen Widerstand kann nicht mehr bestritten werden. Der Rebellenwiderstand hat in Teilen die Form und den Inhalt des internationalen Terrorismus angenommen, ist mit ihm vernetzt und in ihn eingebettet.

Es ist daher ein zulässiges und notwendiges Argument, zu sagen, Russland habe Mitschuld am Entstehen des tschetschenischen Terrorismus. Es muss aber auch anerkannt werden, dass unabhängig von den Faktoren, die den tschetschenischen Terrorismus haben entstehen lassen, die russländische Staatsführung auf den international vernetzten (suizidalen) Terrorismus reagieren musste. Umstritten ist, ob der terroristischen Gefahr mit militärischen Mitteln begegnet werden musste; unumstritten ist, dass die Kriegsführung der russländischen Streitkräfte brutal und grausam war.

Auf der Suche nach einer Lösung

Der Ruf nach einer Verhandlungslösung wurde auch in der russländischen Bevölkerung immer lauter; ab Februar 2001 war eine Mehrheit der Bürger für eine friedliche Lösung des Konflikts. Die Führung um Putin hatte daran aber kein Interesse; allerdings war auch unklar, mit welchen Vertretern der Tschetschenen hätte verhandelt werden können. Der säkulare Nationalist Maschadov hatte im Verlauf des zweiten Krieges zunehmend islamistischen Neigungen nachgegeben.

Aber nicht nur Maschadovs Integrität war ein Hindernis für eine Verhandlungslösung mit den Rebellen, es war vor allem die Marginalisierung seiner nationalistischen Fraktion im Widerstand, die ihn als Verhandlungspartner entwertete. Maschadov wäre nicht in der Lage gewesen, eine mit ihm vereinbarte Lösung auf Rebellenseite auch durchzusetzen.

Unklar war aber auch, was denn das Verhandlungsergebnis sein könnte. Tschetschenien in die Unabhängigkeit zu entlassen, war für die russländische Führung nicht annehmbar. Nicht wegen der angeblichen Dominoeffekte auf andere (nordkaukasische) Republiken, sondern weil dadurch ein massives regionales Sicherheitsproblem entstanden wäre. Ein unabhängiges Ičkerija würde unweigerlich erneut in anarchische Rechtlosigkeit abgleiten und eine Bedrohung für die umgebenden Gebiete im russländischen Nordkaukasus darstellen. Ein derart zerfallener Staat, eine Staatsruine ähnlich Somalia oder Afghanistan, würde rasch zu einem Basislager des internationalen islamistischen Terrors werden. Auch würde ein von radikalen Islamisten dominierter Staat rasch daran gehen, im gesamten Nordkaukasus den islamischen Widerstand anzufachen.

Russland ist es nicht gelungen, die militärische Kontrolle auf das gesamte Tschetschenien auszuweiten. Scharmützel, Heckenschützen und Überfälle durch kleine und hochmobile Einheiten der Rebellen prägten den Kampfalltag; vermutlich war dieser Krieg militärisch nicht zu gewinnen. Putins Regierung änderte ab 2003 ihre Strategie. Nunmehr sollte ein moskautreuer Statthalter mit Rückhalt bei Teilen der Bevölkerung mit eigenen bewaffneten Verbänden den noch immer anhaltenden Rebellenwiderstand brechen und damit die Rolle der russländischen Sicherheitskräfte übernehmen. Diese Rolle wurde dem tschetschenischen Mufti

Achmad-hadž Kadyrov zugedacht. Der Anführer aus dem Stamm der Benoj, einem der größten tschetschenischen Stämme, war im ersten Krieg noch auf der Seite der Rebellen gestanden. Bedrängt durch die radikalisierten Islamisten stellte sich Kadyrov als Vertreter des traditionellen Islam 1999 aber auf die Seite der russländischen Truppen. Im Rahmen dieser Strategie wurde von der russländischen Zentralregierung 2003 eine »politische Lösung« des Konfliktes eingeleitet: die Billigung einer neuen Verfassung, die Tschetschenien als untrennbaren Teil Russlands beschreibt, in einem Referendum im März 2003, die Verabschiedung einer Amnestie für Teile des Rebellenwiderstandes und die Wahl Kadyrovs zum Präsidenten im Oktober 2003. Sowohl das Referendum als auch die Wahlen zum Präsidentenamt wurden erheblich manipuliert: Die Wahlbeteiligung war wesentlich niedriger, die Stimmen für Kadyrov waren wesentlich geringer als offiziell angegeben.

Nach der Ermordung Kadyrovs im Mai 2004 hat dessen Sohn Ramzan die Aufgabe übernommen, Ičkerija unter eigene Kontrolle zu bringen; dazu dienten auch marodierende Schutztruppen – die *kadyrovcy* –, die von der Bevölkerung ob der Plünderungen, Entführungen und Säuberungen noch gefürchteter waren als die russländischen Einheiten. Bislang haben sie sich auch als effizienter erwiesen, die Rebellen zu bekämpfen – zumal sie durch Druck, Nötigung und die Nutzung von Stammesloyalitäten mehr über die Bewegungen von Rebellen in Erfahrung bringen können. Die russländische Führung erklärte, die militärische Lösung im Krieg erreicht zu haben; nunmehr wären nur mehr polizeiliche Aufräumarbeiten vonnöten. Tatsächlich sind die Rebellen militärisch deutlich geschwächt und zu massiven Angriffsoperationen kaum noch in der Lage.

Allerdings zeichnete sich rasch ab, dass viele Rebellen in die angrenzenden Regionen ausweichen und die Lage in den neuen Operationsgebieten destabilisieren. Besonders die Nachbarregionen Ingušetien und Dagestan sind davon betroffen. Die Führung Ingušetiens unter dem Nachrichtenoffizier Zjazikov hat gegen die islamistischen Freischärler mit brutalen Säuberungsaktionen reagiert und die Lage dadurch verschlimmert. Im Oktober 2008 wurde Zjazikov schließlich abberufen.

In Tschetschenien selbst ist die Macht Kadyrovs unumstritten. Mit einer Mischung aus Repression, Klientelismus und Charisma ist es Kadyrov gelungen, das Land zu stabilisieren, Kriegsschäden abzutragen und durch Investitionen in die Infrastruktur die wirtschaftliche Lage zu verbessern. Kadyrov wird dabei durch hohe finanzielle Zuwendungen aus dem föderalen Haushalt unterstützt. Die soziale Lage bleibt aber weiterhin prekär; die Arbeitslosigkeit ist hoch, Investitionen in den Wohnbau und die Gesundheitsversorgung sind weiterhin (zu) gering. Kadyrov versucht, durch die Förderung einer moderaten islamischen Identität einen gemeinsamen Nenner für die fragmentierten, tribalistischen Bewohner zu schaffen.

Die russländische Armee beobachtet Kadyrov mit Argwohn; immerhin sind seine bewaffneten Formationen, die nun die zentralen Sicherungsaufgaben in der Region übernehmen, übergelaufene ehemalige Rebellen, die gut ausgebildet und bewaffnet sind. Auf absehbare Zeit ist ein Bruch Kadyrovs mit der Regierung in Moskau höchst unwahrscheinlich, aber ausgeschlossen ist er nicht. Der militärische Konflikt könnte dann neu aufbrechen.

Die Putin-Ära

Vladimir Putin wird von einer großen Mehrheit der russländischen Bürger als ein Herrscher angesehen, der die Zeit der Wirren und die Krise Russlands in der Ära Jelzin beendet hat. Putin wird für viele Jahrzehnte zu den markantesten Führern Russlands gezählt werden. Die nächsten Abschnitte zeichnen seinen Aufstieg zum Staatspräsidenten nach, seine hohen Zustimmungswerte bei den Bürgern und den wirtschaftlichen Aufstieg des Landes.

Die Besserung der sozialen und wirtschaftlichen Lage ist aber mit einer autoritären Verhärtung der russländischen Politik einhergegangen – mit der Gleichschaltung der Parteien und des Parlamentes, der nachhaltigen Zerstörung pluralistischer Medien und der Gängelung von NGOs. Die Rezentralisierung des Landes, die Ausschaltung missliebiger Oligarchen und die Zerschlagung des Yukos-Konzerns sind weitere Marksteine seiner Ära.

Die Mitstreiter Putins, allen voran seine Mitarbeiter aus den Sicherheitsdiensten, werden danach präzise charakterisiert, um ein besseres Verständnis der Arbeitsweise Putins zu ermöglichen.

Thema dieses Kapitels ist auch der Streit um die Nachfolge Putins, die Wahl von Dmitrij Medvedev zum neuen Staatspräsidenten und die Gestaltung des Herrschaftstandems Putin/Medvedev. Die Finanzkrise und die daraus folgenden wirtschaftlichen Schockwellen sind eine der großen Herausforderungen, denen sich dieses Duumvirat nun stellen muss.

Die Ablöse Boris Jelzins durch Vladimir Putin

Das Ende der im Juni 2000 auslaufenden zweiten Amtszeit von Boris Jelzin löste in der wirtschaftlichen und politischen Elite Russlands erhebliche Unsicherheit aus. Das Elitenkartell, das sich in den vorangegangenen Jahren ausgebildet hatte – die finanz-industriellen Holdings, die durch die Raubprivatisierung entstanden waren; der Präsident selbst und seine Familie; die Günstlinge in seiner Umgebung –, fürchtete, der Nachfolger im Präsidentenamt könnte die Privatisierungsergebnisse revidieren und (semi-)kriminelle Aktivitäten strafrechtlich verfolgen. Die aussichtsreichsten Bewerber für das Amt des Staatspräsidenten, der Moskauer Oberbürgermeister Jurij Lužkov und der frühere Ministerpräsident Jevgenij Primakov, hatten derartige Schritte nicht ausgeschlossen. In der publizistischen Debatte in Russland wurde dieses Kartell als *semja* – »Familie« – bezeichnet, durchaus auf das organisierte Verbrechen anspielend.

Das Kerndilemma war nun, die wirtschaftlichen, finanziellen und rechtlichen Interessen der »Familie« auch nach dem durch die Verfassung erzwungenen Abtreten des Präsidenten zu sichern. Dazu war es notwendig, einen Führungspolitiker aufzubauen, der bedingungslos loyal, aber auch charismatisch genug war, um demokratische Wahlen für sich zu entscheiden. Bereits 1998 hatte das Kartell begonnen, taugliche Figuren für diese Aufgabenstellung zu finden. Zahlreiche Optionen wurden diskutiert, manche davon durch die Betrauung mit wichtigen Ämtern »ausprobiert« – so der im Mai 1999 ernannte Ministerpräsident

Sergej Stepašin oder der im September 1998 zunächst als Sekretär des Sicherheitsrates, im Dezember 1998 dann als Leiter des Präsidialamtes Jelzins ernannte Nachrichtendienstoffizier Nikolaj Bordjuža –, aber wieder aufgegeben. Auffallend dabei ist, dass sowohl Bordjuža als auch Stepašin Geheimdienstoffiziere waren, wie dann auch der eigentliche Nachfolger Jelzins, Vladimir Putin.

Als Vladimir Putin am 9. August 1999 zum Ministerpräsidenten Russlands ernannt wurde, werteten dies nahezu alle Beobachter als Ausdruck der erratischen Herrschaft von Präsident Jelzin. Die Aussage Jelzins, Putin solle zu seinem Nachfolger werden, wurde von nahezu allen als grotesk empfunden. Putin hatte in den zwei Jahren zuvor zwar eine bemerkenswerte Karriere gemacht, galt aber doch als trockener, unpolitischer, wenn auch loyaler Bürokrat ohne Führungsqualitäten.

Putins Karriere

Der am 7. Oktober 1952 in Leningrad als Sohn eines Schlossers geborene Putin ist in ärmlichen Verhältnissen aufgewachsen. Aufgrund der beengten Wohnsituation – Putins Eltern mussten sich eine kleine Gemeindewohnung mit einer anderen Familie teilen – hat Putin als Kind sehr viel Zeit auf der Straße zugebracht. In diesen Jahren hat er auch Sprachelemente aufgenommen, die während seiner Präsidentschaft bisweilen als vulgär sichtbar geworden sind.

Putin hat 1970 bis 1975 an der Rechtsfakultät der Leningrader Staatlichen Universität studiert und später auch ein Doktorat in Wirtschaftswissenschaften erworben. 1975 trat er in das Komitee für Staatssicherheit (KGB) ein. Zunächst war er in Leningrad für die Beobachtung ausländischer Besucher eingesetzt. 1984 wurde er nach Dresden geschickt, um dort vor allem in der Industriespionage zu arbeiten. Nach allen vorliegenden Informationen war die Geheimdiensttätigkeit Putins aber nicht sonderlich beeindruckend; 1991 wechselte er in die Reserve des KGB. 1990 kehrte er nach Leningrad zurück und arbeitete zunächst als Assistent des Dekans der Rechtswissenschaftlichen Fakultät Anatolij Sobčak.

Sobčak wurde im Juni 1991 zum Oberbürgermeister von Sankt Petersburg gewählt; Putin wurde in die Stadtregierung berufen und mit der Agenda für Außenwirtschaftsbeziehungen und ausländische Direktinvestitionen betraut. Nach der Wahlniederlage Sobčaks 1996 wurde Putin im September 1996 von Pavel Borodin, dem Leiter der »Abteilung für Vermögen« im Präsidialamt Jelzins, nach Moskau geholt. Im März 1997 wurde er zum Leiter der einflussreichen »Hauptabteilung für Kontrolle« des Präsidialamtes ernannt und war in dieser Funktion vor allem mit der Kontrolle der Regionen betraut. Im Mai 1998 wurde er Erster Stellvertretender Leiter des Präsidialamtes – zuständig für regionale Angelegenheiten. Im Juli 1998 ernannte Präsident Jelzin Putin zum Direktor des »Föderalen Sicherheitsdienstes« (FSB), also des Inlandsnachrichtendienstes; im März 1999 schließlich wurde er außerdem Sekretär des Sicherheitsrates (*Sovet Bezopasnosti*, SB). In der russländischen Öffentlichkeit wurde Putin damals trotz seiner außerordentlichen Karriere kaum wahrgenommen.

Dies aber war durchaus vorteilhaft, um ihn als Hoffnungsträger zu verkaufen, der nicht mit der Korruption, den politischen Grabenkämpfen, dem wirtschaftlichen und sozialen Niedergang der vorangegangenen Jahre assoziiert wurde. Putin wurde – auch mit starker medialer Hilfe – als junge, zielstrebige Führungskraft dargestellt, die aus der Reihe der zögerlichen, alternden und kränklichen Führungsgarnitur der unmittelbaren post-sowjetischen Zeit hervortrat. Aufgrund seiner Tätigkeit im Nachrichtendienst war es auch möglich, Putin als patriotischen, professionellen und disziplinierten Kandidaten für das Präsidentenamt darzustellen – ein biografisches Merkmal, das durchaus von vielen Russländern geschätzt wurde.

Putins Wandlung vom grauen Bürokraten zu einer identitätsstiftenden und charismatischen Führungsfigur ist aber untrennbar mit der russländischen Militäraktion in Tschetschenien verbunden (siehe auch S. 60–75).

Die militärische »Strafaktion« gegen die nordkaukasische Republik wurde zur gezielten Öffentlichkeitsarbeit für den neuen Ministerpräsidenten genutzt. In diesem barbarischen Krieg gelang es Putin, innerhalb der russländischen Bevölkerung den Eindruck eines willensstarken, entschlossenen, zielorientierten und harten Führers zu erwecken.

Der vorzeitige Rücktritt Jelzins als Staatspräsident am 31. Dezember 1999 schließlich ermöglichte Putin, bei den Wahlen im März 2000 bereits als amtierender Präsident anzutreten. Die Ablöse des Präsidenten wurde zwar strikt nach den Verfassungsnormen durchgeführt, lässt aber dennoch einen demokratisch zweifelhaften Eindruck zurück: Die historische Chance Russlands, erstmals einen demokratischen Wechsel der Staatsführung zu erleben, wurde durch eine erbmonarchische Hofübergabe entwertet. Der interimistische Präsident Putin wurde damit in die Lage versetzt, alle administrativen, finanziellen und organisatorischen Hebel dieses Amtes einzusetzen, um die vorverlegten Präsidentenwahlen am 26. März 2000 für sich zu entscheiden.

Dazu kam die Tatsache, dass die Bedingung für den vorzeitigen Rücktritt Jelzins die Zusicherung straf- und zivilrechtlicher Immunität, nicht nur für Jelzin selbst, sondern auch für seine Familie, war. Die erste Amtshandlung des amtierenden Präsidenten Putin war denn auch ein Erlass, mit dem verboten wurde, ehemalige Präsidenten zivil- oder strafrechtlich zu belangen, festzunehmen oder zu verhaften, deren Wohnsitze zu durchsuchen, sie zu verhören oder einer Leibesvisitation zu unterziehen.

Die wirtschaftliche Entwicklung Russlands in der Putin-Ära

Der Befund über die derzeitige Herrschaftsordnung und -ausübung in Russland ist ziemlich eindeutig. Das in seinen makroökonomischen Rahmenparametern erfolgreiche Land ist von einer wachsenden autoritären Verhärtung im politischen Bereich betroffen. Russland hat in den vergangenen Jahren eine autoritäre ökonomische Modernisierung zum Leitgedanken politischen Handelns erhoben. Die makroökonomischen Indikatoren der letzten acht Jahre sind tatsächlich beeindruckend, auch wenn die globale Finanzkrise auch in Russland dramatische Auswirkungen auf den Finanzmarkt und die Realwirtschaft hat.

Ursachen des Wirtschaftswachstums

Bereits 1989 war die russländische Wirtschaftsleistung eingebrochen; 1991 ist das Bruttoinlandsprodukt (BIP) um 5 Prozent zurückgegangen. Die im Oktober 1991 eingeleiteten radikalen deregulativen Wirtschaftsreformen lösten 1992 einen Wachstumseinbruch von 14,5 Prozent aus; 1993 ging das BIP um 8,7, 1994 um 12,7 Prozent zurück. Bis 1999 fiel das BIP auf 57 Prozent der Wirtschaftsleistung Russlands von 1989. Berechnungen, die sich auf die Entwicklung des Energieverbrauchs stützen, gehen von einer geringeren, wenn auch noch immer deutlichen Kontraktion aus.

Seit 1999 jedoch ist das Bruttoinlandsprodukt (BIP) Russlands ununterbrochen gewachsen. Die durchschnittliche jährliche Wachstumsrate zwischen 1999 und 2008 lag bei 6,72 Prozent. Zwischen 2000 und 2007 hat sich die Wirtschaftsleistung um 72 Prozent gesteigert. Im ersten Halbjahr 2008 wuchs das BIP um 8,1 Prozent. Durch die Finanzkrise ist das Wachstum im 3. Quartal 2008 aber deutlich zurückgegangen; für 2009 wird eine Wachstumsrate von höchstens 3 Prozent erwartet. Der Internationale Währungsfonds schätzt das russländische BIP unter Berücksichtigung der realen Kaufkraft auf 2,3 Billionen USD.

Das starke BIP-Wachstum 1999 – mehr als 5 Prozent – lässt sich durch zwei Faktoren erklären. Der Zusammenbruch des russländischen Finanzmarktes 1998, als die Regierung ihren inländischen Schuldendienst aussetzen musste und der Bankensektor massiv erschüttert wurde, hatte eine starke Rubelabwertung ausgelöst. Auch ein Sofortkredit des Internationalen Währungsfonds von 12,7 Mrd. USD im Juli 1998 hatte den finanziellen Kollaps nicht aufhalten können. Innerhalb von nur zwei Wochen hat sich der Außenwert des RR von 6,2 RR/USD auf 12,8 RR/USD halbiert.

Die Rubelabwertung hat sich zwar nur unwesentlich auf die Wettbewerbsfähigkeit der russländischen Exportunternehmen ausgewirkt, weil Energieträger und metallurgische Produkte in USD fakturiert wurden, radikal aber war der Effekt des drastischen Währungsverfalls auf das Importvolumen der russländischen Wirtschaft. Die Importe, allen voran im Nahrungsmittel- und Konsumgütersektor, sind deutlich eingebrochen, weil diese Waren für den russländischen Konsumenten viel zu teuer geworden waren. Nach der Entwertung der Sparguthaben der Mittelklasse und einem Einbruch der Reallöhne um 22 Prozent war die Bevölkerung gezwungen, auf inländische Produkte zurückzugreifen. Dies bewirkte eine starke nachfrageorientierte Anhebung der russländischen Industrieproduktion; freie Kapazitäten zur Produktionsausweitung waren nach den Kontraktionen in den vorangegangenen Jahren mehr als gegeben. Qualitätsschwächere einheimische Produkte hatten über den Preis nunmehr einen erheblichen Wettbewerbsvorteil gegenüber ausländischen Waren. Diese Importsubstitution durch Währungsabwertung war der eine zentrale Erklärungsfaktor für das einsetzende wirtschaftliche Wachstum.

Der zweite Faktor war der, wenn auch zunächst nur moderate, Anstieg der Rohölpreise: Anfang 1999 notierte der Rohölpreis der schwefelarmen Referenzmarke »Light Sweet« bei 12,5 USD/Barrel, der Preis für das qualitätsminderere russländische Rohöl der Marke »Ural« lag noch niedriger. Bis 2003 nahm der durchschnittliche Rohölpreis auf 30 USD/Barrel zu; danach setzte ein deutlicher Preisanstieg ein, der, mit einer geringen Abwärtsbewegung 2007, im Juli 2008 den bisherigen Höchststand von 145 USD/Barrel erreichte. Aufgrund einer Preisformel, die in Gaslieferverträgen der russländischen *Gazprom* mit EU-Abnehmern den Erdgaspreis an einen Korb von Ölprodukten bindet, sind mit den Rohölpreisen auch die Gasexportpreise gestiegen. Die wachsenden Gewinne der Ölunternehmen wurden in die Modernisierung der Produktionsanlagen investiert und führten zu einem deutlichen Anwachsen der Rohölproduktion. Der Staatshaushalt erzielte durch Fördersteuern und preisabhängige Exportzölle steigende Einnahmen. Die Auswirkung von Preisänderungen bei den Energieträgern Erdöl und Erdgas auf den russländischen Staatshaushalt, die Handelsbilanz und das wirtschaftliche

Wachstum wird auch daran ersichtlich, dass 2007 die Energieexporte 61 Prozent der gesamten Exporterlöse Russlands stellten.

Beide Faktoren sind aber kein Verdienst der russländischen Führung – der eine ist das Ergebnis der verfehlten russländischen Finanz- und Währungspolitik seit 1992, der andere das Resultat wachsender globaler Nachfrage nach Energieträgern. Zur Stärkung des wirtschaftlichen Wachstums aber führte die Entscheidung Putins 2001, das Steuersystem zu straffen und die Steuersätze radikal abzusenken. Der markanteste Ansatz war die Einführung eines einheitlichen Einkommensteuersatzes (flat tax) auf dem niedrigen Niveau von 13 Prozent. Die Körperschaftssteuer wurde von 24 auf 20 Prozent abgesenkt. Zur Entlastung der Betriebe wurde die »Einheitliche Sozialabgabe« von 35,6 auf 26 Prozent gesenkt: 20 Prozent werden für die Pensionsversicherung, 3,1 Prozent für die Gesundheits- und 2,9 Prozent für die Sozialversicherung berechnet. Durch den niedrigeren Steuersatz haben sich viele Betriebe entschieden, Schattenbeschäftigungsverhältnisse zu legalisieren. Dadurch ist trotz der Senkung des Steuersatzes der Steuertrag gestiegen. Ab 2010 soll der Sozialabgabensatz aber wieder auf 34 Prozent angehoben werden, um die Finanzierungslücke im Pensionssystem abdecken zu können. Mit 1. Januar 2004 wurde auch die Mehrwertsteuer gesenkt, von 20 auf 18 Prozent.

Zusätzliche Faktoren, die vor allem in den letzten Jahren das Wirtschaftswachstum förderten, waren das hohe Investitionsvolumen und der stark steigende Binnenkonsum.

Die beeindruckenden Wachstumsraten des BIP sind allerdings aggregierte Daten für das gesamte Land. Das Wachstum ist in den einzelnen Regionen aber durchaus

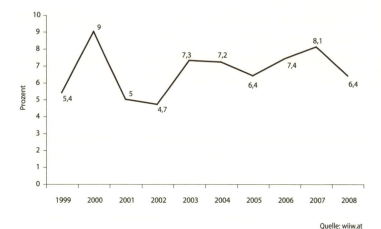

Quelle: wiiw.at

Grafik 6 : Wachstum des BIP Russlands 1999–2008

unterschiedlich. Wachstumsstarke Regionen sind die Städte Moskau und Sankt Petersburg mit ihrem Umland; dazu kommen Regionen wie das ölreiche Tjumen oder Sverdlovsk im Ural. In diesen sechs von insgesamt 83 Provinzen Russlands wird mehr als die Hälfte des BIP erwirtschaftet. Strukturschwache Regionen mit niedrigen Wachstumsraten finden sich vor allem im nördlichen Kaukasus, im südöstlichen Sibirien und im Fernen Osten.

Die sozialen Auswirkungen

Mit dem wirtschaftlichen Wachstum ist eine deutliche Steigerung der Reallöhne verbunden. 1999 noch um 22 Prozent eingebrochen, verzeichneten die Bruttolöhne innerhalb nur eines Jahres einen Zuwachs von 20 Prozent – eine soziale Besserung, die mit der Wahl Vladimir Putins zusammenfällt. Zwischen 2000 und 2006 sind die Bruttoreallöhne um durchschnittlich 15 Prozent/Jahr gewachsen. 2007 lag das Reallohnwachstum bei 16 Prozent. Die wachsende Kaufkraft hat sich in einem stark steigenden Binnenkonsum bemerkbar gemacht; allein 2007 hat der private Konsum in Russland um 13 Prozent zugenommen.

Aber auch bei den Reallohnzuwächsen sind starke regionale Unterschiede zu verzeichnen. Außerdem gelten Lohnsteigerungen nur für Erwerbstätige, die Rentenzahlungen blieben deutlich hinter diesen Steigerungen zurück. Seit der Reform des Pensionssicherungssystems 1997 sind die Erwerbspensionen vom Arbeitseinkommen abhängig, wobei die Pensionen allerdings sehr niedrig sind. Die Erhöhung der Rentenzahlungen ist bislang deutlich unter dem Zuwachs der Realeinkommen geblieben. Die durchschnittliche Pension beträgt in Russland derzeit nur ein Viertel des Durchschnittslohnes.

Gewachsen ist aber auch die soziale Ungleichheit in Russland. Die Einkommensdifferenzen sind trotz steigender Reallöhne und angehobener Mindestlöhne enorm und nehmen weiter zu. Trotzdem aber ist die Zahl der russländischen Staatsbürger, die unterhalb der Armutsgrenze leben, deutlich zurückgegangen.

Ein wesentlicher Faktor für die Reallohnzuwächse ist auch der Mangel an qualifizierten Arbeitskräften in Russland. Aufgrund der demografischen Entwicklung geht die Zahl der Kernarbeitskräfte in der Altersgruppe von 18–49 Jahren deutlich zurück. Die Zuwanderer, v. a. aus dem nördlichen und südlichen Kaukasus sowie aus den zentralasiatischen Staaten, werden nahezu ausschließlich im Niedriglohnsektor, v. a. in der Bauindustrie, eingesetzt.

Die makroökonomische Bilanz der Ära Putin

Zu den makroökonomischen Erfolgen in der Amtszeit von Vladimir Putin zählt auch der markante Zuwachs der Hartwährungs- und Goldreserven der Zentralbank. Im Januar 1999 verfügte die Zentralbank über Reserven im Wert von 11,6 Mrd. USD, im Juli 2008 waren die Reserven auf 595,6 Mrd. USD angewachsen. Russland verfügte damit nach der VR China und Japan über die dritthöchsten Hartwährungs- und Goldreserven der Welt. Diese extreme Steigerung wird besonders deutlich, wenn der Hartwährungsbestand mit den souveränen (also durch die Regierung garantierten) Hartwährungsschulden Russlands verglichen wird: Im Januar 1999 entsprachen die Währungsreserven nur 8,5 Prozent der Schuldenlast, 2007 hingegen waren die Hartwährungsreserven mehr als zehnmal höher als die souveränen Hartwährungsschulden Russlands. Ursache des starken Anstiegs der Währungsreserven war natürlich der erhebliche Devisenzufluss durch die Exporte von Energieträgern und metallurgischen Produkten, deren Weltmarktpreise in den letzten Jahren deutlich angestiegen waren. Die Hartwährungs- und Goldreserven Russlands gehen seit September 2008 allerdings deutlich zurück, weil die Zentralbank aufgrund der weltweiten Finanzkrise durch Stützungskäufe den Außenwert des Rubel stabilisieren möchte und der Austrocknung der Finanzmärkte entgegensteuern muss; im Januar 2009 lagen die Währungsreserven nur mehr bei 427 Mrd. USD, ein Rückgang um 28,3 Prozent.

Ein weiteres Merkmal der makroökonomischen Bilanz der vergangenen Jahre waren die deutlichen Budgetüberschüsse. Bis 1999 war Russlands Staatshaushalt chronisch defizitär gewesen; zwischen 1991 und 1999 lag das Budgetdefizit durchschnittlich bei 4,9 Prozent des BIP. Seit 2000 konnte Russland Budgetüberschüsse erzielen, durchschnittlich 4 Prozent des BIP jährlich bis 2007. 2005 erreichte das Budget einen Überschuss von 5,1 Prozent des BIP, in 2006 sogar 5,8 Prozent. Seitdem ist dieser Wert rückläufig, weil Russland die Staatsausgaben 2006 und 2007 deutlich angehoben hat. Für 2008 wird ein Überschuss von 3 Prozent des BIP erwartet; 2009 aber wird aufgrund der wirtschaftlichen Krise ein Budgetdefizit von bis zu 5 Prozent des BIP erwartet.

Die Überschüsse waren das Ergebnis eines starken Anstiegs des Steueraufkommens und der Zolleinnahmen, aber auch einer zunächst sehr zurückhaltenden Ausgabenpolitik. Für die fiskalische Disziplin war vor allem Finanzminister Aleksej Kudrin verantwortlich, der in dieser Funktion seit Mai 2000 der Regierung angehört. Gemäß dem Gesetz über den Staatshaushalt 2008–2010 sollen die gesamten Staatsausgaben 18 Prozent des BIP nicht übersteigen. 2007 investierte die russländische Regierung 1,9 Prozent des BIP in die heimische Produktion, 2008 und 2009 ist ein Wert von 2,5 Prozent des BIP vorgesehen. Die staatlichen Investitionen werden über die Entwicklungsbank VEB (*Vnešekonombank*) abgewickelt. Der VEB sollte im Herbst 2008 neben der Zentralbank eine entscheidende Rolle zur Kontrolle der Finanzmarktkrise zukommen.

Die Zahlungs- und Handelsbilanz Russlands zeichnete sich lange durch hohe Überschüsse aus; in den letzten Jahren sind diese aber deutlich zurückgegangen; bis 2010 sollen sowohl die Zahlungs- als auch die Handelsbilanz ausgeglichen abschließen. Der Rückgang des Handelsbilanzüberschusses ist vor allem auf die stark ansteigenden Importe und die absackenden Erlöse der Rohstoffexporte zurückzuführen.

Kudrin war es auch, der die Schaffung eines Stabilitätsfonds durchsetzte, in den Exporteinnahmen für Rohöl ab einer (immer wieder angepassten) bestimmten Höhe übergeführt werden. Ziel war es nicht nur, den Geldumlauf zu kontrollieren und damit inflationssenkend zu wirken; vordringlicher war es, finanzielle Rücklagen für mögliche budgetäre Defizite zu bilden, um den Staatshaushalt zu stabilisieren. Das Volumen des Fonds, der im Januar 2004 eingerichtet wurde, ist aufgrund der hohen Exporterlöse russländischer Rohstoffe rasch angewachsen. Im Januar 2008 betrugen die Einlagen 158,8 Mrd. USD in einem Währungskorb aus USD, Euro und japanischen Yen. Mit 1. Februar 2008 wurde der Stabilitätsfonds in einen Reservefonds mit einem Startkapital von 125,4 Mrd. USD und einen Nationalen Vermögensfonds mit einem Grundkapital von 32 Mrd. USD geteilt. Der Umfang des Reservefonds, der weiterhin vorrangig zur Budgetstabilisierung eingesetzt werden soll, darf 10 Prozent des russländischen BIP nicht übersteigen. Im Nationalen Vermögensfonds sollen Rücklagen zur Finanzierung der Pensionszahlungen gebildet werden.

Aufgrund der guten makroökonomischen und budgetären Entwicklung konnte Russland die Tilgung der Staatsschulden vorantreiben. Beim Amtsantritt Putins hatte Russland souveräne Hartwährungsschulden von 131,2 Mrd. USD. Der größte Anteil daran – 96,8 Mrd. USD – waren Schulden, die Russland als Rechtsnachfolger der UdSSR übernehmen hatte müssen. Ab 2005 hat Russland begonnen, Schulden bereits vorzeitig zurückzuzahlen: Die Schulden gegenüber dem Internationalen Währungsfonds wurden 2005 vollständig zurückbezahlt, im August 2006 auch die Schulden an den »Pariser Club« staatlicher Gläubiger. Außenstände bestehen noch gegenüber der Weltbank und der Europäischen Bank für Wiederaufbau und Entwicklung (EBRD). Die souveränen Hartwährungsschulden Russlands sind bis November 2008 auf 40,4 Mrd. USD gesunken – einschließlich der Schulden der ehemaligen UdSSR.

Stark gestiegen hingegen sind die Auslandschulden russländischer Unternehmen und Banken. Im Oktober 2008 betrugen die Außenstände 512 Mrd. USD. Zu den größten Schuldnern gehören die staatlich kontrollierten Energieunternehmen *Gazprom* und *Rosneft* sowie die Außenwirtschaftsbank (VEB). Die in Hartwährungen abgeschlossenen Kredite werden aufgrund der Finanzmarktkrise jetzt zu einer dramatischen Belastung russländischer Unternehmen. Zum einen stellen ausländische Banken Kredite fällig oder verlangen größere Sicherheiten – Letzteres nicht zuletzt deshalb, weil den Gläubigern als Sicherheiten Aktienanteile überlassen wurden, die aufgrund der Krise aber erheblich an Wert verloren haben –, zum anderen werden die Kredite durch einen langsamen Außenwertverlust des Rubel teurer. Die Außenwirtschaftsbank VEB wurde von der russländischen Regierung daher angewiesen, Unternehmen bei der Refinanzierung der ausländischen Kredite zu unterstützen.

In der Amtszeit von Vladimir Putin wurden auch das Arbeitsrecht und das Zollsystem liberalisiert. Besonders bedeutsam war der Beschluss über ein neues Bodenrecht: Erstmals seit 1917 wurde damit der freie Kauf und Verkauf von Agrarland zugelassen. Bereits zuvor war der Handel mit gewerblich genutztem Land erlaubt worden. In den Regionen sind Kauf und Verkauf von Land allerdings mit erheblicher Korruption verbunden.

Im Mai 2008 wurde auch ein Gesetz über Auslandsinvestitionen beschlossen. In 42 strategischen Sektoren werden ausländische Investitionen reguliert. Ausländische Privatunternehmen dürfen in diesen Branchen maximal Beteiligungen von 50 Prozent erwerben, ausländische Unternehmen, die sich mehrheitlich in Staatsbesitz befinden, von höchstens 25 Prozent. Ausnahmen müssen von einer Kommission des Inlandsgeheimdienstes (FSB) bewilligt werden. Trotz der Restriktionen wurde das Gesetz von den ausländischen Investoren wohlwollend aufgenommen, weil damit zumindest die Rahmenbedingungen für ausländische Investitionen geregelt worden sind.

Inflationsbekämpfung

Weniger erfolgreich war Russland in der Absenkung der Inflation. 2000 betrug diese 22,8 Prozent. Bis 2006 konnte sie zwar auf 8,5 Prozent gesenkt werden, seitdem aber sind die Preissteigerungsraten wieder stark gestiegen. 2008 lag die Inflationsrate bei 13,3 Prozent. Darin drücken sich v. a. die Preissteigerungen bei Lebensmitteln aus, die 40 Prozent des russländischen Inflationskorbes ausmachen. Die Regierung hat durch angeordnete Deckelungen der Einzelhandelspreise für Grundnahrungsmittel bis Mai 2008 gegenzusteuern versucht. Zudem wurden die Importe für Grundnahrungsmittel abgesenkt, die Exportzölle für Getreide hingegen deutlich angehoben. Außerdem hat die Regierung begonnen, Getreide aus den Notreserven auf den Markt zu bringen. Inflationssteigernd haben sich aber die starken Lohnzuwächse und die angehobenen staatlichen Pensionen ausgewirkt. Die Stützung des russländischen Bankensektors durch die Zentralbank wird den Preisanstieg zusätzlich antreiben.

Vladimir Putins Beliebtheitswerte und seine Stabilokratie

Angesichts der makroökonomischen Besserung, die immer stärker auch die Haushalte erfasste und die Hoffnungen auf eine bessere Zukunft nährte, sind die hohen Zustimmungswerte für die Amtsführung von Vladimir Putin nicht überraschend. Sie sind während der gesamten Amtszeit niemals unter 65 Prozent gesunken. Im Mai 2008, als Präsident Medvedev das Amt des Staatspräsidenten übernahm, billigten 86 Prozent Putins Amtsführung.

Dennoch sind zwei Einwände notwendig. Eine detailliertere Betrachtung zeigt, dass die Zahl derer, die die Amtsführung Putins »eher unterstützten«, deutlich höher ist als die Zahl jener, die diese »völlig« unterstützten. Die Zahl der eindeutigen Befürworter war während der Amtszeit niemals über 20 Prozent gestiegen, nur in den letzten Monaten seiner Präsidentschaft erreichte Putin die volle Zustimmung von mehr als einem Viertel der Bürger – bei der Amtsübergabe im Mai 2008 waren es schließlich 28 Prozent.

Außerdem ist zu berücksichtigen, dass die Staatsführung über die direkte oder indirekte Kontrolle der elektronischen Medien die Berichterstattung über die Tätigkeit des Präsidenten erheblich steuerte. Kritik an der Amtsführung ist gänzlich ausgeblieben, Putin war in den staatlichen Medien allgegenwärtig und erfuhr eine ausschließlich wohlwollende Berichterstattung. Oppositionelle hingegen wurden in den Medien kaum erwähnt oder negativ bewertet. Dadurch wurde für die Bevölkerung auch niemals eine mögliche Alternative zu Putin erkennbar.

Trotz dieser beiden Einwände war die Zustimmung zur Amtsführung Putins durch die Bevölkerung tatsächlich überdurchschnittlich hoch. Putin hatte immer mit Abstand die höchsten Vertrauenswerte unter den russländischen Politikern. Während seiner Amtszeit erklärten durchschnittlich 49,6 Prozent, ihm zu vertrauen. Im Januar 2008 erreichte Putin sogar eine Vertrauensrate von 65 Prozent.

Nach seiner Machtübernahme hatte Vladimir Putin zwei strategische Ziele: Zum einen musste er sich in Moskau ein eigenes Netzwerk an treuen Gefolgsleuten aufbauen, denen er vertrauen konnte. Nur dadurch konnte er sich aus der Umklammerung des Elitenkartells Boris Jelzins befreien. Zum anderen drängte er danach, die restriktiven Faktoren auszuschalten, die die faktische Macht und Autorität Jelzins eingeschränkt hatten. Die übergeordnete Herrschaftslogik Putins war eine stabilitätsorientierte, auf Kontrolle bedachte, durch autoritäre Machtausübung gelenkte Modernisierung Russlands.

Der Aufbau eines Netzwerkes aus Gefolgsleuten, das für seinen autoritären Herrschaftsanspruch erforderlich war, ist Putin nur langsam geglückt; nahezu seine gesamte erste Amtszeit war dafür erforderlich. Bis dahin blieben viele Vertraute seines Vorgängers in einflussreichen Funktionen. Am deutlichsten sichtbar wurde seine anfänglich höchst beschränkte Macht nach der Wahl zum Präsidenten, als er daran scheiterte, seinen Kandidaten für das Amt des Generalstaatsanwaltes – Dmitrij Kozak – durchzusetzen. Stattdessen wurde General Viktor Ustinov, Mitglied des Elitenkartells um Jelzin, mit dieser Funktion betraut. Die eigentlichen Schlüsselfiguren der früheren Machthaber waren aber Putins eigener Stabschef Aleksandr Vološin und der Vorsitzende der Regierung Michail Kasjanov. Es dauerte bis zum Oktober 2003, bis Putin mit Dmitrij Medvedev einen Vertrauten mit der Leitung seines Stabes betrauen konnte. Kasjanov wurde als Ministerpräsident erst im Februar 2004 abgelöst – durch den indirekt mit den Nachrichtendiensten verbundenen Leiter der Föderalen Steuerpolizei Michail Fradkov.

Putin rekrutierte seine Gefolgsleute aus zwei verschiedenen Lagern – aus den russländischen Sicherheitsdiensten und aus Ökonomen und Juristen aus Sankt Petersburg. In beiden Milieus hatte Putin gearbeitet, als Offizier des sowjetischen Komitees für Staatssicherheit (KGB) und als führender Mitarbeiter in der Stadtverwaltung von Sankt Petersburg.

Der gestraffte Sicherheitsapparat

Der Durchbruch der Mitglieder des Nachrichtendienstes, der Rechtsschutzorgane und der Streitkräfte – der *siloviki* – in Führungsfunktionen unter Vladimir Putin erfolgte im März 2001. Im Rahmen einer grundlegenden Regierungsumbildung ernannte Putin zahlreiche Geheimdienstoffiziere in Schlüsselfunktionen seines Kabinetts: Sergej Ivanov, zuvor Sekretär des Sicherheitsrates Russlands, wurde zum Verteidigungsminister ernannt; Boris Gryzlov, der offiziell kein Mitglied der Geheimdienste gewesen war, aber vermutlich für das KGB gearbeitet hatte, wurde Innenminister; Michail Fradkov, stv. Sekretär des Sicherheitsrates wurde zum Leiter der – für finanzielle Transaktionen und deren machtpolitische Kontrolle besonders wichtigen – Föderalen Steuerpolizei; Aleksandr Rušajlo schließlich wurde an Stelle von Ivanov Sekretär des Sicherheitsrates. Mit Igor Sečin und Viktor Ivanov holte Putin Nachrichtendienstoffiziere auch in seinen Stab.

Allerdings wäre es unrichtig, die *siloviki* als eine kohärente Gruppe mit gleich lautenden Interessen und einer gemeinsamen Agenda anzusehen; auch hatten die *siloviki* keinen wirklichen Führer. Mehr noch, heftige Auseinandersetzungen zwischen den einzelnen Fraktionen waren häufig, vor allem dann, wenn sich geschäftliche Interessen kreuzten.

Dramatisch sichtbar wurden diese Auseinandersetzungen im Herbst 2007, als sich Sicherheitsdienste durch Verhaftungen, angeblich aber auch mit Schießereien außerhalb von Moskau bekämpften. Am 1. Oktober 2007 wurde Generalleutnant Aleksandr Bulbov, hochrangiger Vertreter der – auch geheimdienstlich tätigen – »Föderalen Behörde für Drogenkontrolle« (FSKN) vom »Föderalen Sicherheitsdienst« (FSB) verhaftet. Bulbov und der Leiter des FSKN Čerkessov hatten Ermittlungen gegen FSB-Mitarbeiter eingeleitet, die in lukrative Schmuggeloperationen (»Tri Kita«-Affäre) verwickelt waren. Die Gefangennahme Bulbovs war die Reaktion des FSB auf die kurz davor vom FSKN angeordnete Verhaftung des FSB-Oberst Jurij Gajdukov, dem Mittäterschaft in der »Tri Kita«-Affäre vorgeworfen wurde. Die FSB-Operationen wurden dabei durch den stv. Leiter des Präsidialamtes Putins, Igor Sečin, gedeckt.

Der FSKN wiederum arbeitete in dieser Affäre mit dem Leiter des Sicherheitsdienstes Putins, Viktor Zolotov, zusammen. Ende Oktober 2007 schließlich wurden zwei Mitarbeiter des FSKN in Sankt Petersburg vergiftet. Involviert in die Affäre war im Lager des FSB auch der Leiter der Untersuchungsbehörde der Generalstaatsanwaltschaft Aleksandr Bastrykin, der sich dabei mit Sečin und dem FSB-Direktor Patrušev abstimmte. Die eskalierenden Auseinandersetzungen zwischen den verschiedenen Nachrichtendiensten wurden nur durch eine entschiedene Intervention Vladimir Putins eingedämmt. Diese verwirrend anmutende Auseinandersetzung macht deutlich, wie wenig zutreffend es ist, von einem geschlossen handelnden Netzwerk von Geheimdienstagenten zu sprechen.

Vladimir Putin bemühte sich in seiner Amtszeit, die Struktur der Nachrichtendienste zu straffen und die von Jelzin vorsätzlich eingeleitete Aufsplitterung rückgängig zu machen. Putin wertete vor allem den Inlandsgeheimdienst – den »Föderalen Sicherheitsdienst« (FSB) – auf, den er selbst von Juli 1998 bis August 1999 geleitet hatte. Auf Putin folgte der ebenfalls in Leningrad geborene (1951) Armeegeneral Nikolaj Patrušev, der wie Putin 1975 in die Reihen des KGB eingetreten war. Die Zuständigkeiten des für Gegenaufklärung verantwortlichen Inlandsgeheimdienstes wurden durch Putin sukzessive ausgeweitet. 2003 wurden auf seine Anordnung zwei andere Sicherheitsdienste in den FSB übergeführt: zum einen die »Föderale Agentur für Regierungskommunikation und -information« (FAPSI), die für die Sicherung und Verschlüsselung des Datenaustausches zwischen den Regierungsbehörden, aber auch für die Entschlüsselung des ausländischen elektronischen Datenverkehrs zuständig war. Zum anderen wurde der mit schweren Waffen ausgerüstete »Föderale Grenzschutz« (PSR) in den FSB integriert. Im März 2006 richtete Putin beim FSB auch die »Nationale Antiterrorkommission« ein, die militärische Einsätze bei terroristischen Anschlägen auf russländischem Gebiet leiten sollte. Der FSB erhielt aber auch das Recht, Terroristen im Ausland auszuschalten.

2003 wurde der »Sicherheitsdienst des Präsidenten« (SBP) mit dem »Föderalen Dienst für Personenschutz« (FSO) zusammengelegt.

Neben dem FSB ist der SVR, der »Dienst für Auslandsaufklärung« ein weiterer wichtiger Arm der *siloviki*. Zum Leiter des Auslandsnachrichtendienstes, der auch für Wirtschaftsspionage zuständig ist, ernannte Putin im Mai 2000 den 1948 in Uzbekistan geborenen Sergej Lebedev. Lebedev war 1973 in das KGB eingetreten. Im Oktober 2007 wurde Lebedev von Putin abberufen und durch Michail Fradkov, damals Ministerpräsident, ersetzt.

Der SVR koordiniert seine Tätigkeit mit dem »Militärischen Aufklärungsdienst« (GRU), der direkt dem Generalstab der Streitkräfte Russlands unterstellt ist. Der GRU unterhält sehr viel mehr Auslandsagenten als der SVR. Der GRU wird bereits seit 1997 von Armeegeneral Valentin Korabelnikov geleitet, der seine gesamte Laufbahn im GRU verbracht hat. Der GRU verfügt über militärische Spezialkräfte, die *SpezNaz*, mit 25 000 Soldaten.

Die Männer rund um Putin

Putin ernannte *siloviki* auch in führende Funktionen der Regierung, der Rechtsschutzorgane und seines Stabes. Innerhalb des Präsidialamtes waren Viktor Ivanov und Igor Sečin die führenden Nachrichtendienstoffiziere. Ivanov war zwischen 2000 und 2004 stv. Leiter des Präsidialamtes und danach Assistent Putins. Zur Agenda Ivanovs zählte die Kontrolle der Rekrutierung von Führungspersonal. Der

1950 in Novgorod geborene Elektrotechniker war bereits seit 1971 für das KGB tätig – u. a. in Afghanistan. 1988 übernahm Ivanov Sicherheitsaufgaben in Leningrad und war dabei als Mitarbeiter des FSB auch für die Stadtverwaltung unter Bürgermeister Anatolij Sobčak tätig. Zu dieser Zeit lernten sich Putin und Ivanov kennen. Ivanov ist innerhalb des FSB rasch aufgestiegen und war stv. Direktor des FSB, als Putin den FSB leitete.

Igor Sečin, 1960 in Leningrad geboren, hat niemals offiziell für das KGB oder den FSB gearbeitet. Nach seiner Ausbildung als Linguist arbeitete er als Übersetzer für Portugiesisch und Französisch an der Botschaft der UdSSR in Angola und für das Staatsunternehmen Technoimport in Mozambique. Es kann aber als gesichert angesehen werden, dass Sečin damals begonnen hat, für den Militärgeheimdienst GRU zu arbeiten. Ähnlich wie Ivanov wechselte auch Sečin 1988 in die Stadtverwaltung von Leningrad. 1991 bis 1996 arbeitete Sečin als Stabschef für Vladimir Putin im Bürgermeisteramt von Aleksandr Sobčak. Seit damals arbeiten Putin und Sečin sehr eng zusammen. Sečin wechselte mit Putin 1996 nach Moskau; 1999 holte ihn Putin in die Regierung und 2000 als stv. Leiter ins Präsidialamt. Während der gesamten Amtszeit Putins kontrollierte Sečin als Leiter des Sekretariats im Präsidialamt den Zugang zu Putin.

Auch in seine Regierungskabinette hat Putin zahlreiche Nachrichtendienstoffiziere berufen. Zu den Schlüsselfiguren zählte dabei Sergej Ivanov. 1953 in Leningrad geboren, graduierte Ivanov 1975 an der Philologischen Fakultät der Universität in Leningrad (LGU) als Dolmetscher für Englisch. Kurz danach trat er in das KGB ein und übernahm mehrere Funktionen als KGB-Offizier in Skandinavien und

Afrika. Nach der Zerschlagung des KGB arbeitete Ivanov zunächst in der Auslandsaufklärung (SVR), dann beim Inlandsnachrichtendienst FSB, zu dessen stv. Direktor ihn Putin im August 1998 berief. Im November 1999 übernahm Ivanov von Putin die Funktion des Sekretärs des Nationalen Sicherheitsrates und 2001 schließlich holte ihn Putin als Verteidigungsminister in seine Regierung.

Ein anderer einflussreicher Nachrichtendienstoffizier ist Innenminister Rašid Nurgaliev. Der 1956 in Kazachstan geborene Wirtschaftswissenschaftler ist 1981 in das KGB eingetreten und übernahm in der Folge die Leitung der Abteilung für Wirtschaftssicherheit im FSB; Nurgaliev war dabei für die Bekämpfung der Drogenkriminalität verantwortlich. 2002 wurde er von Putin zum Innenminister ernannt.

Aleksandr Bortnikov trat wie Putin 1975 in den Dienst des KGB. 2004 wurde der 1951 in Perm geborene Eisenbahningenieur von Putin zum stv. Direktor des FSB ernannt und mit der Leitung der Abteilung für wirtschaftliche Sicherheit des FSB betraut.

Nicht gänzlich bewiesen ist die KGB-Mitgliedschaft von Vladimir Jakunin. Dieser wurde 1948 in der Region Vladimir geboren, ist in Estland aufgewachsen und absolvierte nach dem Umzug der Eltern 1972 in Leningrad das Institut für Mechanik mit Spezialisierung auf die Konstruktion ballistischer Raketen und die Entwicklung von Raketentreibstoffen. Gerade diese militärische Ausrichtung legt die spätere Tätigkeit für das KGB nahe. Jakunin hat sich auch Expertise in Außenhandelsfragen angeeignet, nutzte diese im Ministerkabinett der UdSSR und als Diplomat an der Mission der UdSSR bei den Vereinten Nationen. 1992 wurde Jakunin Mitglied der Sankt Petersburger Stadtverwaltung – in der Abteilung für Außenwirtschaft, die von Vladimir Putin geleitet wurde. 1996 begann Jakunin wie Putin in der Abteilung für Vermögensverwaltung des Präsidialamtes von Boris Jelzin zu arbeiten. Putin ernannte Jakunin schließlich zum stv. Transport- und dann zum Ersten stv. Eisenbahnminister. 2005 übernahm Jakunin die höchst einflussreiche Führung der Russländischen Eisenbahngesellschaft RZD.

Michail Fradkov schließlich wurde 2004 in der Nachfolge von Michail Kasjanov Ministerpräsident Russlands. Fradkov, 1950 im Gebiet Samara geboren, studierte Werkzeugmaschinenbau und Außenhandel, er war niemals offiziell Mitglied eines Nachrichtendienstes; vermutlich aber kam er mit dem KGB zumindest in Berührung, als er 1973–1975 an der Handelsmission der UdSSR in Indien arbeitete. Fradkov hatte bereits mehrere Ministerämter in den Kabinetten Jelzins innegehabt, als Putin ihn 2000 zum stv. Sekretär des Sicherheitsrates ernannte. Fradkov arbeitete in dieser Funktion eng mit dem damaligen Leiter des Sicherheitsrates, dem Nachrichtendienstoffizier Sergej Ivanov, zusammen. Putin ernannte ihn 2001 zum Leiter der Föderalen Steuerpolizei und dann zu seinem Vertreter bei der EU. 2004 schließlich wurde Fradkov Ministerpräsident. Nach seiner Abberufung im September 2007 ernannte ihn Putin zum Direktor des Auslandsgeheimdienstes SVR. In dieses Amt wäre er sicher nicht berufen worden, hätte er nicht bereits zuvor in den Sicherheitsdiensten Russlands mitgewirkt.

Putins Männer in den großen Wirtschaftsunternehmen

Ein wichtiges Merkmal der Rekrutierungspolitik Putins war, dass er die *siloviki* nicht nur in führende politische Funktionen berief, sondern diesen auch leitende Funktionen in staatlich kontrollierten oder staatsnahen Unternehmen übertrug. Erneut wurden damit politische und finanziell-ökonomische Macht verschmolzen.

Igor Sečin wurde 2004 zum Vorsitzenden des Aufsichtsrats des staatlichen Ölunternehmens *Rosneft*, das durch die Zerschlagung des Ölunternehmens *Yukos* zum führenden Ölkonzern Russlands aufstieg. Er kann als Drahtzieher der Strafverfolgung des Eigentümers von *Yukos*, Michail Chodorkovski, angesehen werden. *Rosneft* konnte unter Sečin die ertragreichsten Unternehmensanteile von *Yukos* an sich reißen. 2008 wurde Sečin auch zum Vorsitzenden des Aufsichtsrates der staatlich kontrollierten Schiffsbauholding OSK. Einer seiner beiden Söhne arbeitet für *Rosneft*, der andere in der staatlichen Außenhandelsbank *Vneštorgbank*. Der Sohn des FSB-Direktors Patrušev, Andrej Patrušev, arbeitet als Berater von Sečin, war aber auch ein Klassenkamerad des Sohnes von Michail Fradkov an der Akademie des FSB. Dies macht deutlich, dass es zwischen den einzelnen Vertretern der Sicherheitsdienste in der Mannschaft von Vladimir Putin auch sehr enge familiäre Bande gibt.

Viktor Ivanov ist seit 2002 Mitglied des Aufsichtsrates des staatlichen Rüstungsunternehmens *Almaz Antej* und seit 2004 auch Aufsichtsratsvorsitzender der staatlichen Fluglinie *Aeroflot*.

Sergej Ivanov war nicht nur Verteidigungsminister in der Amtszeit Putins, sondern auch Vorsitzender des Aufsichtsrates der 2006 geschaffenen staatlichen Flugzeugbauholding OAK. Ivanovs Sohn arbeitet beim Tochterunternehmen *Gazprombank* des staatlich kontrollierten Gaskonzerns *Gazprom*.

Aleksandr Bortnikov ist Mitglied des Aufsichtsrates der staatlichen kommerziellen Schiffsgesellschaft *Sovkomflot*; ein wichtiger Zweig dieses Unternehmen ist der maritime Öltransport.

Zu den führenden Nachrichtendienstoffizieren in der russländischen Wirtschaft zählt auch Sergej Čemezov. Der 1952 in der Region Irkutsk geborene ausgebildete Ökonom lernte Putin in Dresden kennen, wo Čemezov zwischen 1984 und 1988 ein Industrieforschungszentrum leitete. Natürlich war er dabei für das KGB tätig. Nach einer kurzen Tätigkeit als stv. Leiter der Abteilung für Vermögensverwaltung im Präsidialamt Jelzins wechselte Čemezov in die Rüstungsindustrie. 2004 wurde er Leiter des staatlichen Rüstungsunternehmens *Rosoboroneksport*, Mitglied des Aufsichtsrates des militärischen Flugzeugbauers *Suchoj* und des Rüstungskonzerns *Almaz Antej* und ist zudem seit 2006 auch Mitglied des Aufsichtsrates des Autokonzerns *Avtovaz*. 2007 wurde Čemezov zum Leiter der Staatsholding »Russländische Technologien« (*Rostechnologii*) ernannt.

Die liberalen Technokraten

Erkennbar wird daraus, in welchem Ausmaß Mitglieder der Nachrichtendienste führende politische und ökonomische Funktionen übernommen haben und wie stark deren Vernetzung war. Dabei darf aber nicht übersehen werden, dass zur Gefolgschaft und Machtbasis Putins nicht nur Mitglieder der Sicherheitsagenturen zählten. Das zweite wichtige Lager, auf das sich Putin stützte, war jenes der liberalen Ökonomen und Juristen; zu deren wichtigsten Vertretern zählten Dmitrij Medvedev, Aleksej Kudrin, German Gref, Viktor Christenko und Vladislav Surkov. Putin hatte Medvedev, Kudrin und Gref während seiner Tätigkeit in der Stadtverwaltung von Sankt Petersburg kennengelernt. Christenko und Surkov ernannte Putin zum Industrie- und Energieminister bzw. zum stv. Leiter seines Präsidialamtes, hatte aber zuvor nie mit ihnen zusammengearbeitet.

Putin und Dmitrij Medvedev lernten einander 1990 in Leningrad/Sankt Petersburg kennen, als Medvedev zum Rechtsberater der Abteilung für Außenwirtschaft der Stadtregierung wurde. Leiter dieser Abteilung war Vladimir Putin. Seit damals arbeiten beide ununterbrochen miteinander. Medvedev wurde 1965 in Leningrad geboren, studierte, wie Putin auch, an der Rechtsfakultät der Leningrader Universität und war dort von 1990 bis 1999 als Dozent tätig. Putin holte ihn nach der Ernennung zum amtierenden Präsidenten umgehend nach Moskau als stv. Leiter seines Präsidialamtes. Medvedev war es auch, der Putins Wahlkampf für das Präsidentenamt 2000 leitete. Im Juni 2000 wurde Medvedev Vorsitzender des Aufsichtsrates des staatlich kontrollierten Gaskonzern *Gazprom*, eine Funktion, die er, mit einer kurzen Unterbrechung, bis zu seiner Wahl als Staatspräsident im März 2008 innehatte. 2003 wurde Medvedev schließlich Leiter des Präsidialamtes von Vladimir Putin.

Aleksej Kudrin wurde 1960 in Lettland geboren, studierte aber an der Leningrader Staatlichen Universität Volkswirtschaft. Seit 1990 arbeitete Kudrin in der Stadtregierung von

Leningrad/Sankt Petersburg – zuständig für die Finanzverwaltung – und wurde damals mit Putin bekannt. Kudrin wechselte wie Putin 1996 nach Moskau, zunächst in das Präsidialamt Jelzins, ab 1997 dann in das Finanzministerium. Putin ernannte ihn zum Finanzminister und stv. Vorsitzenden in seinem ersten Kabinett. Auch Kudrin hat, wie die Nachrichtendienstoffiziere, zugleich führende Funktionen in staatlichen oder staatsnahen Betrieben übernommen. Er wurde 2001 zum stv. Aufsichtsratsvorsitzenden des staatlichen Energiekonzern RAO EES (das Unternehmen wurde 2008 privatisiert) und zum Aufsichtsratsvorsitzenden des Diamantenunternehmens *Alrosa* ernannt.

German Gref wurde 1963 als Sohn von 1941 deportierten Russlanddeutschen in Kazachstan geboren. 1990 begann er sein Doktoratsstudium der Rechtswissenschaft an der Leningrader Staatlichen Universität. Auch Gref arbeitete für die Stadtverwaltung von Sankt Petersburg. 1998 wurde er als Minister für Staatseigentum in die russländische Regierung berufen. Putin ernannte ihn im Mai 2000 zum Minister für wirtschaftliche Entwicklung und Handel, ein Amt, das er bis zum September 2007 behielt. 2001 wurde Gref auch zum. Aufsichtsratsvorsitzenden von *Gazprom* ernannt.

Die Herrschaftsschicht Putins setzt sich damit aus zwei Lagern zusammen: den ökonomischen und juristischen Technokraten, mit denen Putin in der Stadtverwaltung von Sankt Petersburg zusammengearbeitet hat (Kudrin, Gref, Medvedev), und den Mitgliedern der Sicherheitsdienste und der Streitkräfte (*siloviki*), die Putin aus seiner Tätigkeit beim sowjetischen Komitee für Staatssicherheit (KGB) kennt. Putin nutzt diese duale Elitenstruktur geschickt, um sich nicht von *einem* Elitenkartell abhängig zu machen und die beiden Lager in einem relativen Gleichgewicht zu halten.

Gleichzeitig aber hatte Putin niemals völlig freien Handlungsspielraum; Aushandlungsprozesse zwischen den Lagern, aber auch innerhalb der Lager, waren immer nötig. Putin war zu keiner Zeit ein unumschränkter autokratischer Führer.

Bausteine der Stabilokratie

Das zweite strategische Ziel Vladimir Putins – neben der Schaffung eines eigenen Netzwerkes an Gefolgsleuten – war die Ausschaltung jener Faktoren, die Jelzins Autorität beschnitten hatten. Putins Vorgänger konnte die überragende Machtstellung, die dem Präsidenten durch die russländische Verfassung eingeräumt wird, nicht voll nützen: Jelzin musste Zugeständnisse an die Regionen machen; es gelang ihm nicht, in der Staatsduma eine gesicherte Mehrheit aufzubauen; die Medienstruktur war noch immer pluralistisch und beobachtete Jelzins Handeln kritisch; die führenden Unternehmer beharrten auf politischer Mitsprache und überdies war Jelzin durch seine mehrfachen Erkrankungen immer wieder beeinträchtigt. Unmittelbar nach seiner Angelobung zum russländischen Präsidenten im Mai 2000 leitete Putin durch mehrere gesetzliche Änderungen die Entmachtung der Regionen und die Rezentralisierung der Verwaltungsstruktur ein. Handlungsleitend waren dabei zwei Interessen: Zum einen sollte die anarchische Dezentralisierung der vorangegangenen Jahre rückgängig gemacht werden, weil dadurch zahlreiche wirtschaftliche und finanzielle Reformen blockiert hätten werden können; zum anderen aber zielte Putin auch darauf ab, seine persönliche Macht auszuweiten.

Durch die anarchische Dezentralisierung hatte Russland aufgehört, ein einheitlicher Rechtsraum zu sein. Viele Regionen weigerten sich, föderale Gesetze umzusetzen; umgekehrt wurden auf regionaler Ebene Gesetze beschlossen, die mit föderalen Rechtsnormen nicht vereinbar waren. Zugleich untergruben die Autonomieansprüche der Regionen auch die einheitliche Finanzverwaltung. In vielen Regionen wurden die eingehobenen Bundessteuern nicht mehr oder nur mehr teilweise an den Staatshaushalt abgeführt; umgekehrt führten viele Regionen eigene Steuern ein, für die es keine Rechtsgrundlage gab. Die strategische Aufgabe Putins war es, diese desintegrativen Entwicklungen zu stoppen.

Der erste Schritt Putins war es, zwischen der föderalen Ebene und den Regionen eine zusätzliche Verwaltungsebene zu schieben. Dazu wurden die damals noch 89 Regionen Russlands in sieben »Föderale Bezirke« eingeteilt. Die Leitung der Bezirke wurde Vertrauten Putins übertragen, die auch zu Mitgliedern des Präsidialamtes und des Nationalen Sicherheitsrates ernannt wurden. Nicht überraschend, waren fünf der sieben bevollmächtigten Vertreter, wie diese Leiter genannt wurden, Mitglieder des FSB, des Innenministeriums oder der Streitkräfte. Aufgabe der Leiter der Föderalen Bezirke war die Durchsetzung der föderalen Gesetze; die regionalen Regierungen wurden gezwungen, Gesetze und Verordnungen abzuändern, die mit föderalen Rechtsnormen nicht vereinbar waren.

Die regionalen Vertretungen von Bundesbehörden wurden teilweise umstrukturiert und deren Führungen ausgetauscht; viele hatten sich dem regionalen Machtkartell angeschlossen, statt ihrer Aufgabe, die regionalen Eliten zu kontrollieren, nachzukommen.

Zuletzt wurden die »Gesandten« Putins damit betraut, die Finanzflüsse zwischen Zentrum und Regionen zu beobachten, nicht aber zu steuern; ihnen *diese* Machtfülle zu gewähren, war nicht in Putins Interesse.

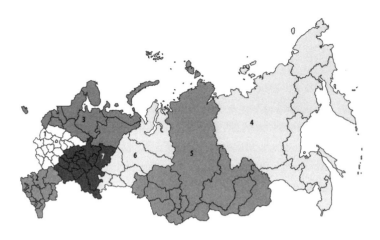

Quelle: http://de.wikipedia.org/wiki/Politische_Gliederung_Russlands

Grafik 7: Föderale Bezirke Russlands
1 Zentralrussland, 2 Südrussland, 3 Nordwestrussland, 4 Ferner Osten,
5 Sibirien & Ural, 7 Wolga

Der zweite Schritt der föderalen Reformen war die Änderung des Delegationsrechtes der Regionen zum Föderationsrat, dem Oberhaus des föderalen Parlaments. Seit 1996 waren die regionalen Regierungsleiter – in den ethnischen Republiken die Präsidenten, in den Regionen die Gouverneure – und die Vorsitzenden der regionalen Parlamente *ex officio* Mitglieder des Föderationsrates. Putin hob diese Regelung auf. Seit 2002 dürfen die regionalen Regierungschefs nur noch Vertreter entsenden, aber nicht mehr selbst den Sitz im Föderationsrat einnehmen. Auch das regionale Parlament kann nur noch einen Delegierten entsenden, der aber nicht zugleich auch Vorsitzender des regionalen Parlamentes sein darf.

Die zugrunde liegende Absicht Putins war es zunächst, den regionalen Eliten damit eine föderale Bühne zu verweigern. Entscheidender aber war, dass er durch die Änderung des Delegationsrechtes den führenden Politikern der Regionen die strafrechtliche Immunität entzog, die mit einem Sitz im Oberhaus verbunden ist. Ohne diese Immunität kann Putin über die Generalstaatsanwaltschaft starken Druck ausüben, um die regionalen Eliten zur Zusammenarbeit zu zwingen. Ein entscheidendes Machtmittel in Russland ist »*kompromat*«, d.h. kompromittierendes Material über politische Gegner. Als ehemaliger Direktor des FSB besitzt Putin Dossiers über alle einflussreichen regionalen Eliten, in denen rechtswidriges Handeln dokumentiert ist.

Die bislang letzte Stufe der Rezentralisierung des Landes war die Abschaffung der direkten Volkswahlen der regionalen Regierungen. Nach dem Terrorattentat auf eine Schule im nordossetischen Bezlan im September 2004 reklamierte Putin das Recht, angesichts der terroristischen Bedrohung die Regierungsspitzen der Provinzen direkt zu ernennen. Formal müssen die regionalen Abgeordneten dem von Putin nominierten Kandidaten zustimmen; da Putin die regionalen Parlamente aber auflösen kann, wenn diese sich seinem Vorschlag widersetzen, ist dies nur eine formale Hürde. Seit dieses Ernennungsverfahren 2005 in Kraft getreten ist, hat sich keines der regionalen Parlamente den Vorschlägen Putins widersetzt.

Putin hat schließlich auch das Recht erworben, die regionalen Regierungen unter bestimmten Umständen absetzen zu können.

Zuletzt förderte Putin die Zusammenschlüsse einzelner Regionen; die Zahl der Regionen ist in seiner Amtszeit von 89 auf 83 zurückgegangen. Dieser Prozess wird aber vermutlich auch unter Präsident Medvedev fortgesetzt werden.

Diese Schritte zur Stärkung des föderalen Zentrums

waren ohne Änderung der geltenden Verfassung möglich; sie wurden durch einfachgesetzliche Beschlüsse in der Staatsduma und im Föderationsrat vorgenommen.

Die Bildung der Staatspartei »Geeintes Russland«

Bis zu den Wahlen zur Staatsduma im Dezember 2003 konnte sich Putin nicht auf eine gesicherte Mehrheit der Abgeordneten stützen; er war gezwungen, durch – bisweilen mühsame – Aushandlungsprozesse über Gesetzesvorhaben Mehrheiten zu suchen. Durch den Zusammenschluss einstmals rivalisierender Fraktionen wurde im Dezember 2001 die Partei »Geeintes Russland« (*Edinaja Rossija*) gegründet, deren Vorsitz Boris Gryzlov, ein grauer, bürokratischer Funktionär, übernahm. Die Bildung dieser Staatspartei wurde im Präsidialamt von dessen stv. Leiter Vladislav Surkov vorangetrieben; er entwickelte auch das Konzept der »gelenkten Demokratie«; darunter versteht Surkov die regulative Kontrolle demokratischer Teilhabe durch den Staat, um das übergeordnete Ziel der Modernisierung Russlands nicht zu gefährden, sondern zu fördern.

»Geeintes Russland« hat niemals ein programmatisches Profil entwickelt; sie ist vielmehr der Versuch, eine Staatspartei aufzubauen, die im russländischen Parteiensystem eine hegemoniale Rolle innehat. In ihren Reihen versammelt sie staatliche Funktionäre auf der föderalen wie auf der regionalen Ebene. Allerdings ist »Geeintes Russland« keine monolithische Partei; in ihr gibt es unterschiedliche Strömungen, die sich nicht so sehr inhaltlich voneinander unterscheiden, sondern vielmehr unterschiedliche Seilschaften und Netzwerke repräsentieren.

»Geeintes Russland« ist es gelungen, bei den Wahlen zur Staatsduma im Dezember 2003 mit 37,1 Prozent eine relative Stimmenmehrheit zu erreichen. Die Kommunistische Partei, die 1995 und 1999 noch eine relative Stimmen- und Mandatsmehrheit erreichen konnte, wurde deutlich geschlagen, ihr Stimmenanteil brach von 24,3 auf 12,7 Prozent ein. In den Wochen vor der konstituierenden Sitzung der neuen Staatsduma gelang es der Staatspartei, zahlreiche Abgeordnete, die in den Wahlkreisen ein Direktmandat errungen hatten, zu überreden, der Fraktion »Geeintes Russland« beizutreten. So wurde aus einer relativen Stimmenmehrheit eine Mandatsstärke von 305 Abgeordneten, auch wenn viele davon parteilos blieben. »Geeintes Russland« war damit stark genug, um Verfassungsgesetze zu verabschieden.

Der wichtigste Faktor für den Wahlerfolg der Staatspartei war die Unterstützung durch Vladimir Putin. Dessen immense Popularität reichte aus, um viele Bürger dazu zu bewegen, eine inhaltsleere, ohne charismatische Führungspersönlichkeiten ausgestattete Partei zu wählen. Das allein genügte aber nicht. Die Regimepartei wurde durch die staatliche Bürokratie – auch in den Regionen – organisatorisch und materiell unterstützt; sie erhielt einen bevorzugten Zugang zu den staatlichen oder staatlich kontrollierten elektronischen Medien. Die Berichterstattung über den Wahlkampf der Staatspartei war umfangreicher als über alle anderen Parteien zusammengenommen; zudem wurde über »Geeintes Russland« nur wohlwollend berichtet. Obwohl die Ausgaben für den Wahlkampf gesetzlich limitiert sind und über ein Konto bei der staatlichen *Sberbank* abgewickelt werden müssen, ist davon auszugehen, dass die Staatspartei nicht nur erheblich mehr Finanzmittel einsetzen konnte als ihre Mitbewerber, sondern auch die Ausgabenobergrenzen durchbrochen hat.

Die Wahlen zur Staatsduma 2003 waren daher nicht uneingeschränkt demokratisch; die Wettbewerbsbedingungen waren deutlich verzerrt. Auch die technische Durchführung des Wahlganges war mangelhaft. Wählerlisten waren in vielen Wahlbezirken unvollständig oder fehlerhaft, viele Wähler waren in die Listen nicht eingetragen. Andererseits waren Wahlberechtigte angeführt, die längst tot waren »tote Seelen« – was sie in vielen Fällen nicht daran hinderte, an den Wahlen teilzunehmen. Die Stimmabgabe über mobile Wahlurnen wurde häufig manipuliert. Soldaten, Mitarbeiter von staatlichen Krankenhäusern oder Staatsbetrieben sowie Studenten wurden in vielen Fällen angehalten, geschlossen zu den Wahlurnen zu gehen. Die Auszählung der Stimmen war letztlich aber nicht stärker gefälscht als bei früheren russländischen Wahlen. Die Wiederwahl von Boris Jelzin im Juni/Juli 1996 ist noch immer als die schmutzigste und am massivsten gefälschte Wahl anzusehen. Stalin wird die Aussage zugeschrieben: »Die Menschen, die ihre Stimme bei einer Wahl abgeben, entscheiden nichts. Die Menschen, die die Stimmen auszählen, entscheiden alles.« In vielem schätzt Russland seine Traditionen.

Der Niedergang der »alten« Parteien

Der Aufbau von »Geeintes Russland« zur hegemonialen Staatspartei erforderte aber auch die Zerschlagung des Parteiensystems, das sich seit 1993 ausgebildet hatte. Dieses bestand im Kern aus vier Parteien: der Kommunistischen Partei (KPRF), der Liberal-Demokratischen Partei (LDPR), der rechtsliberalen »Union der rechten Kräfte« (SPS) und der linksliberalen »Jabloko«.

Die »Kommunistische Partei der Russländischen Föderation« wurde im Februar 1993 gegründet; sie führte viele Vereinigungen zusammen, die sich nach dem Verbot der KPdSU in Russland im August 1991 gebildet hatten. Vorsitzender der KPRF ist seit damals Gennadij Zjuganov, ein 1944 geborener Volksschullehrer aus der zentralrussländischen Region Orjol. Zjuganov war in der sowjetischen Kommunistischen Partei bis in das Sekretariat des Zentralkomitees aufgestiegen, 1990 war er führend am Aufbau einer kommunistischen Regionalsektion in Russland beteiligt. Bis dahin hatte es in Russland, anders als in allen anderen Unionsrepubliken der UdSSR, keine eigene Kommunistische Partei gegeben. Die KPRF kann sich auf ein starkes organisatorisches Netz stützen; sie ist in allen Regionen Russlands mit Sektionen vertreten.

Zjuganov, wiewohl selbst wenig charismatisch, konnte mit der KPRF bei den Staatsdumawahlen 1995 und 1999 immer die relative Stimmenmehrheit erreichen. 1995–1999 verfügte die KPRF zusammen mit der Agrarpartei, die die Bauern aus den kollektiven Agrargenossenschaften und -betrieben sammelte, und einer linksnationalistischen Formation über die Sitzmehrheit in der Staatsduma. Mit 22,3 Prozent der Wählerstimmen und einer außerordentlich hohen Anzahl von Direktmandaten erzielte sie 1995 das beste Wahlergebnis. 1999 konnte die KPRF ihren Anteil an den Wählerstimmen zwar noch steigern, aber deutlich weniger Direktmandate gewinnen. 2003 wurde ihre relative Mehrheit durch die Staatspartei »Geeintes Russland« gebrochen.

Zjuganov selbst beteiligte sich an den Wahlen zum Staats-

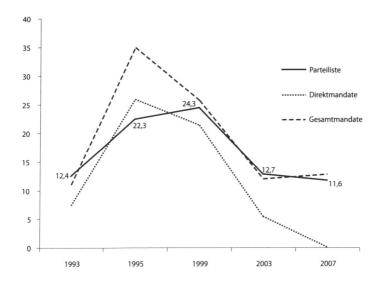

Grafik 8: Ergebnisse der KPRF bei Wahlen zur Staatsduma 1993–2007

präsidenten 1996, 2000 und 2008. In der schmutzigen Wahl von 1996 hat Zjuganov nach offiziellen Angaben im zweiten Wahlgang mit 40,3 Prozent der Wählerstimmen gegen Boris Jelzin verloren; bei demokratischen Wahlen wäre er vermutlich zum Staatspräsidenten gewählt worden.

Wähler und Mitglieder der KPRF sind aber überaltert. Der Partei gelingt es kaum, für jüngere Altersschichten attraktiv zu werden. Zusammen mit den ungleichen Wettbewerbsbedingungen für die KPRF und die Staatspartei »Geeintes Russland« beschleunigt die »biologische Auszehrung« den Niedergang der KPRF.

Inhaltlich hat sich die KPRF seit ihrer Gründung nicht wesentlich verändert. Die Mehrheit der Funktionäre hält an einer orthodox-kommunistischen Ausrichtung fest. Dies wird an den etatistischen und zentral regulierten

Ansichten in Wirtschafts- und Finanzfragen besonders deutlich. In der KPRF gibt es aber auch einen starken linksnationalistischen Flügel, der russisch-nationalistische, aber auch rassistische und antisemitische Positionen vertritt. Dieser Flügel betont auch die stalinistische Tradition der russländischen Kommunisten besonders stark. Die kleine Fraktion der eher sozialdemokratisch ausgerichteten, zumindest aber pragmatischen Mitglieder um Gennadij Seleznjov wurde 2001 aus der KPRF ausgeschlossen – sie waren zu einer pragmatischen Zusammenarbeit mit der Regierung Putins bereit gewesen.

Die verheerende Wahlniederlage der Kommunisten bei den Wahlen zur Staatsduma 2003 war auf mehrere Faktoren zurückzuführen: Zunächst war der Wahlkampf schlecht organisiert und unterfinanziert; die Attraktivität der Führung um Zjuganov war auch bei traditionellen Wählern immer geringer. Entscheidender aber war die Berichterstattung der staatlichen Medien über die KPRF: Über deren Wahlbewegung wurde kaum berichtet, wenn aber doch, dann in diffamierender Form. Der wichtigste Grund für das Wahldebakel war aber die von Vladislav Surkov, dem politischen Strategen im Präsidialamt Putins, vorangetriebene Gründung der Partei »Rodina« (Heimat). Diese linksnationalistische und rassistische Formation um den exzentrischen Dmitrij Rogozin sollte den Kommunisten deren nationalistische Wähler entreißen. »Rodina« ist dies mit der materiellen, medialen und finanziellen Unterstützung des Präsidialamtes auch gelungen: 9,02 Prozent der Wähler stimmten für Rogozin. »Rodina« hat sich danach aber immer stärker von der Staatsmacht emanzipiert und 2005 Proteste gegen die Sozialpolitik Putins organisiert. Rogozin wurde daher 2006 zum Rücktritt als Vorsitzender gezwungen, »Rodina« selbst löste sich kurze Zeit danach auf. Rogozin aber wurde im Januar 2008 zum Botschafter Russlands bei der NATO ernannt.

Die »Liberal-Demokratische Partei Russlands« (LDPR) ist weder liberal noch demokratisch, noch ist sie eine Partei. Diese 1990 gegründete Formation wird seit Anbeginn von dem äußerst exzentrischen rechts-nationalistischen, antisemitischen Vladimir Žirinovskij geführt; sie hat keine funktionstüchtigen Strukturen in den Regionen und wird ausschließlich durch das Charisma ihres Anführers getragen. Der Familienname des 1946 in Kazachstan geborenen ethnischen Russen lautete damals Eidelstein; um sich von seinem jüdischen Vater zu distanzieren, änderte Žirinovskij seinen Nachnamen. Žirinovskij hat an der Moskauer Lomonossov Universität Rechtswissenschaft und Turkologie studiert. Hartnäckig halten sich Gerüchte, Žirinovskij habe für das KGB gearbeitet und die LDPR selbst sei vom Geheimdienst gegründet worden.

Die LDPR versteht sich aber nicht nur als russisch-nationalistische Partei, sondern auch als Vertreterin der sozial marginalisierten Russländer. Die zentrale Losung der LDPR bei den Wahlen zur Staatsduma 2003 war: »Wir sind für die Armen, wir sind für die Russen.« Die LDPR kann daher als national-populistische Bewegung bezeichnet werden.

Gänzlich überraschend hat die LDPR bei den Wahlen zur Staatsduma im Dezember 1993 mit 22,9 Prozent die relative Stimmenmehrheit erzielt, konnte aber kaum Direktmandate gewinnen und wurde damit nur zur zweitstärksten Fraktion. Sie konnte sich in den Direktwahlkreisen niemals durchsetzen, worin deutlich wird, dass die LDPR außer Žirinovskij keine attraktiven Führungsgestalten aufzuweisen hat.

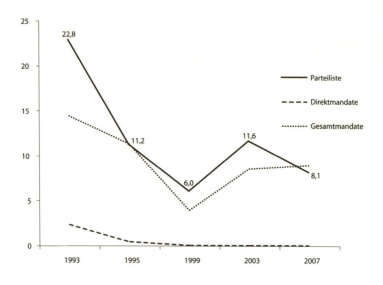

Grafik 9: Ergebnisse der LDPR bei Wahlen zur Staatsduma 1993–2007

Die Wählerstärke der LDPR ist in den Wahlen zur Staatsduma 1995 und 1999 deutlich zurückgegangen – von 22,9 Prozent in 1993 auf 6,0 Prozent in 1999. 2003 aber konnte Žirinovskij deutliche Stimmengewinne verzeichnen. Das erklärt sich vor allem durch die wohlwollende Berichterstattung der staatlichen Medien. Neben »Rodina« sollte auch die LDPR den Kommunisten Wähler abspenstig machen.

Žirinovskij nahm auch an den Präsidentenwahlen 1996, 2000 und 2008 teil: 1996 erreichte er 5,7 Prozent der Wählerstimmen, 2000 nur 2,7 Prozent, 2008 immerhin 9,5 Prozent. 2004, als Vladimir Putin zur Wiederwahl antrat, schickte Žirinovskij seinen Leibwächter ins Rennen.

Die LDPR übernimmt im russländischen Parteiensystem

die Aufgabe, rechtsnationalistische Wähler zu binden. Dies gelingt nicht zuletzt dadurch, dass Žirinovskij sich als radikaler Gegner der herrschenden Klasse darstellt. Tatsächlich aber hat seine Fraktion in der Staatsduma seit 1993 in allen kritischen Abstimmungen die Regierung unterstützt. Die LDPR hat sich dadurch als regimestabilisierende Kraft erwiesen. Die Glaubwürdigkeit der LDPR wurde dadurch zwar erschüttert, was sich in den rückläufigen Wahlresultaten seit 1993 ausdrückt, solange die LDPR aber nützlich bleibt, wird sie ausreichende staatliche Unterstützung erhalten, um in der Staatsduma verbleiben zu können.

Die Zurückdrängung der liberalen Fraktionen

Die Strategie Vladimir Putins war zum einen, die kommunistischen Gegner durch links- und rechtsnationalistische Wettbewerber zu schwächen. Dieses Ziel ist in eindrucksvoller Weise gelungen. Ein zusätzliches Ziel aber war, die liberalen Fraktionen aus der Staatsduma zu verdrängen.

Nach dem Auseinanderbrechen der Bewegung »Demokratisches Russland« als Ergebnis der gewaltsamen Ausschaltung des Obersten Sowjet im Oktober 1993 hatten sich eine rechtsliberale, regimetreue und eine linksliberale Partei gebildet, die Jelzin die Unterstützung versagte.

Die rechtsliberale Fraktion war bis 2003 immer in der Staatsduma vertreten. Ihre Bezeichnung änderte sich von »Wahl Russlands« (VR), »Demokratische Wahl Russlands« (DVR) schließlich zu »Union der Rechten Kräfte« (Sojuz Pravych Sil, SPS). Zwar ist diese Kontinuitätslinie nicht gänzlich ungebrochen, aber die zentralen Akteure dieses Lagers blieben dieselben. Dazu zählen Jegor Gaidar, Boris

Nemcov, Sergej Kirijenko und Anatolij Čubajs; Letzterer hat sich 1998 aus der Parteiarbeit zurückgezogen, nachdem er die Leitung des staatlichen Energiekonzerns RAO EES übernommen hatte. Čubajs hat aber in seiner neuen Funktion der SPS vermutlich erhebliche finanzielle Mittel zukommen lassen.

Die Agenda der SPS (und ihrer Vorläufer) konzentrierte sich auf die Förderung einer deregulierten Wirtschaft aus privaten Unternehmern, die Privatisierung der Staatsunternehmen, die Rückbindung des Staates auf wenige ordnungspolitische Aufgaben und fiskalische Disziplin. Die SPS wird in der russländischen Öffentlichkeit zu Recht mit den radikalen Marktreformen und den Raubprivatisierungen der Amtszeit Jelzins verbunden. Mit ihrer marktliberalen Agenda wendet sich die SPS an den KMU-Sektor – die kleinen und mittleren Unternehmen. Darüber hinaus sind bei den Rechtsliberalen kaum zusätzliche Akzente auszumachen. Die SPS und ihre Vorläufer haben die Regierung Jelzin immer unterstützt; zu Putin hielt sie eine kritische, aber doch kooperative Distanz. Allerdings sind einige Aktivisten aus der SPS ausgetreten, die angesichts der zunehmend autoritären Linie Putins an dem kooperativen Kurs nicht mehr festhalten wollte. Darunter war auch Irina Chakamada, die einzige Frau, die in Russland bislang bei Präsidentenwahlen angetreten ist; 2004 erhielt sie aber nur 3,84 Prozent der Wählerstimmen.

Der Stimmenanteil der Rechtsliberalen bei den Wahlen zur Staatsduma ist seit 1993 zurückgegangen – nur 1999 konnte die SPS noch einmal zulegen, weil Putin sie aus taktischen Gründen unterstützte. 2003 aber hat die SPS den Einzug in die Staatsduma nicht mehr geschafft, ihr Wählerstimmenanteil war auf vier Prozent abgesunken, nur über

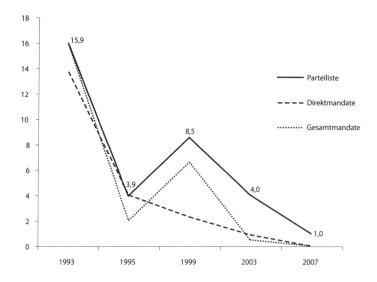

Grafik 10: Ergebnisse der Rechtsliberalen bei Wahlen zur Staatsduma 1993–2007

wenige Direktmandate war die SPS noch vertreten. Bei den Wahlen 2007, als die Direktwahlkreise abgeschafft waren, war dies nicht mehr möglich. Der Stimmenanteil war auf nur ein Prozent abgesunken.

Die linksliberale Formation »Jabloko« hat, anders als die VR/SPS, mit Jelzin nach dessen Staatsstreich im Oktober 1993 gebrochen. Unter der Führung von Grigorij Javlinskij kritisierten die Liberalen die radikalen Marktreformen, das »*loans for shares*«-Konzept zur Privatisierung der Staatsunternehmen und die militärische Intervention Russlands in Tschetschenien im Dezember 1994. Der 1952 in Lvov geborene Javlinskij hatte Volkswirtschaft am renommierten Moskauer Plechanov Institut studiert. 1990 wurde der Ökonom von Michail Gorbačov damit betraut, ein wirtschaftliches Reformprogramm auszuarbeiten. Gorbačov hat die Vorschläge aber als zu radikal abgelehnt. Im unabhängigen Russland war Javlinskij in keinem Kabinett vertreten, seine Kritiker meinen, er wäre zu arrogant gewesen, um Angebote, als Minister in die Regierung einzutreten, anzunehmen; einfacher Minister zu werden, wäre ihm nicht genug gewesen.

»Jabloko« hat sich immer für die Wahrung demokratischer Grund- und Freiheitsrechte eingesetzt, städtische Bildungs- und Mittelschichten hatten sich mehrheitlich für die Linksliberalen entschieden. Bei »Jabloko« sind auch sozialliberale oder sozialdemokratische Akzente zu finden, aber es wäre nicht richtig, sie als eine sozialdemokratische Partei zu begreifen.

Die Wählerstärke von »Jabloko« war seit 1993 kontinuierlich rückläufig: Erreichten die Linksliberalen 1993 noch 7,8 Prozent der Wählerstimmen, ist 2003 mit nur 4,3 Prozent der Einzug in die Staatsduma nicht mehr gelungen. Ähnlich wie die SPS war »Jabloko« bis dahin noch über wenige Direktmandate vertreten. 2007 aber wurde für »Jabloko« mit 1,6 Prozent der Wählerstimmen zum Desaster.

Seit den Wahlen zur Staatsduma im Dezember 2007 ist nun keine liberale Partei mehr im föderalen Parlament vertreten; nur mehr in einzelnen Regionen, v. a. in den großen Städten, sind die Liberalen noch sichtbar.

Für die linksliberale »Jabloko« und die rechtsliberale SPS war es schon nach dem Ausscheiden aus der Staatsduma bei den Wahlen 2003 schwer gewesen, sicht- und wahrnehmbar zu bleiben. Ohne eigene Abgeordnete war es kaum noch möglich, sich den Wählern in Erinnerung zu halten; mit dem zunehmend restriktiveren Zugang zu den elektronischen Medien wurde dies gänzlich aussichtslos.

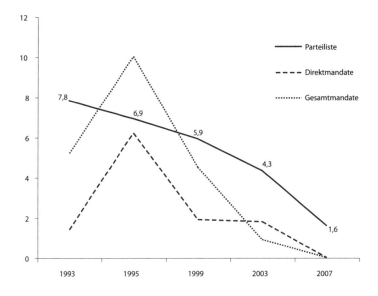

Grafik 11: Ergebnisse der Linksliberalen bei Wahlen zur Staatsduma 1993–2007

Aufgrund rückläufiger finanzieller Mittel waren die liberalen Bewegungen auch schon in den Jahren zuvor gezwungen gewesen, ihre Stäbe zu verkleinern und regionale Sektionen aufzulösen. Die finanzielle Austrocknung des liberalen Lagers wird sich nun aber noch verschärfen: Weil »Jabloko« und SPS weniger als 3 Prozent der Wählerstimmen erhalten haben, verlieren sie die jährliche staatliche Finanzierung von 5 Rubel (0,12 Euro) pro Wähler. Dazu kommt, dass die beiden Parteien nun auch gezwungen sind, die Werbeeinschaltungen in den elektronischen Medien zu bezahlen, die vorab allen wahlwerbenden Parteienzugestanden werden. Diese sind nur für die Parteien kostenlos, die zumindest 2 Prozent der Wählerstimmen erzielen. Auch die Sicherungseinlage in der Höhe von 1,44 Millionen

Euro, die für das Antreten von Parteien, die nicht schon im Parlament vertreten sind, zu erbringen ist, geht für die Parteien verloren, die weniger als 4 Prozent der Wählerstimmen gewinnen. Angesichts des Umstands, dass es viele Unternehmen ohnehin nicht mehr wagen, liberale Parteien zu unterstützen – aus Angst vor behördlichen Schikanen, v. a. durch die Steuerpolizei –, ist der demokratischen Bewegung die finanzielle Überlebensgrundlage entzogen.

Der Niedergang der liberalen Kräfte ist auf mehrere Faktoren zurückzuführen. Der Zugang zu den Medien war bereits vor den Wahlen 2003 eingeschränkt, aber nach dem Ausscheiden aus der Staatsduma waren die Liberalen kaum noch sichtbar; die Visibilität war verloren. Die SPS konnte zwar auf erheblich stärkere finanzielle Mittel zurückgreifen als »Jabloko«, war aber durch ihren marktliberalen Kurs in der Amtszeit Jelzins und ihre ungeklärte Haltung zu den autoritären Herrschaftsakzenten Putins in ihrem Ansehen beschädigt. Das Scheitern der liberalen Kräfte ist aber auch darauf zurückzuführen, dass ihre Führungen sich nicht darauf einigen konnten, eine gemeinsame demokratische Bewegung zu gründen. Natürlich standen dem zahlreiche inhaltliche Differenzen entgegen. Es ist daher auch nicht zulässig, davon auszugehen, dass ein gemeinsames Antreten bei Wahlen zur Staatsduma einfach die Summe der beiden Wähleranteile ergeben hätte; einige Wähler hätten sich verraten gefühlt und ein inhaltliches Zusammengehen nicht mitgetragen. Darüber hinaus aber waren es vor allem persönliche Differenzen, Streitigkeiten und Rivalitäten, die eine gemeinsame Aktion unmöglich machten.

»Jabloko« und SPS sind dabei, von der politischen Bühne abzutreten. Javlinskij hat den Vorsitz von »Jabloko« im Juni 2008 zurückgelegt, er kam damit aber lediglich einer Revolte in der Partei zuvor. Deren neuer Anführer ist Sergej Mitrochin, Stadtrat für »Jabloko« in Moskau. Der blasse Mitrochin kann jedoch nicht auf den Rückhalt aller zählen: Vor allem Maksim Reznik, Vorsitzender von »Jabloko« in Sankt Petersburg, und Ilja Jašin, der die Jugendorganisation von »Jabloko« leitet, unterstützen ihn kaum. Es ist wenig wahrscheinlich, dass »Jabloko« weiterbestehen kann.

Die SPS hat sich im November 2008 aufgelöst und sich mit zwei regimetreuen Formationen zur »Rechten Sache« (*Pravoe Delo*) vereinigt. Der rechtsliberale Flügel der demokratischen Bewegung ist damit weggebrochen.

Das regimekritische »Andere Russland«

Die entschlossenere Gegnerschaft zur Herrschaftsordnung Putins aber entwickelte sich außerhalb der beiden liberalen Parteien. Im Juli 2006 führte Garri Kasparov seine Bewegung »Vereinigte Bürgerfront« mit der linksnationalistischen »National-Bolschewistischen Partei« (NBP) des exzentrisch-extremistischen Eduard Limonov, der »Volksdemokratischen Union« des 2004 von Putin abberufenen Ministerpräsidenten Kasjanov und die marxistische »Rote Jugendavantgarde« zusammen und gründete die regimekritische Vereinigung »Das Andere Russland« (*Drugaja Rossija*). Diese lose Koalition setzte sich aus höchst unterschiedlichen Akteuren zusammen. Der Schriftsteller Eduard Limonov (eigentlich Savenko) war 1974 aus der UdSSR ausgewiesen worden, lebte in der USA, dann in Frankreich und kehrte 1991 in die Sowjetunion zurück. 1993 unterstützte er die Rebellion des Obersten Sowjet gegen Boris Jelzin, kämpfte auf serbischer Seite im Krieg in Bosnien, mit den Abchasiern gegen die Georgier; seine NBP wurde 1994 gegründet mit dem Parteiorgan *Limonka* – das ist die umgangssprachliche Bezeichnung für eine russländische F1-Handgranate.

Michail Kasjanov war von Putin im Februar 2004 abberufen worden – nicht zuletzt deshalb, weil Kasjanov die Strafverfolgung von Michail Chodorkovskij, Eigentümer des Ölunternehmens *Yukos*, vehement abgelehnt hatte. Die russländischen Behörden ermittelten danach gegen Kasjanovs Kauf von zwei regierungseigenen Gebäuden deutlich unter deren Marktwert. Die Lauterkeit Kasjanovs wurde, nicht zuletzt wegen seiner angeblichen notorischen Bestechlichkeit, von einigen Beobachtern angezweifelt. Das eigentliche Gesicht der neuen Bewegung »Anderes Russland« aber war der renommierte Schachspieler Garri Kasparov. Als Sohn einer armenischen Mutter und eines jüdischen Vaters 1963 in Baku mit dem Familiennamen Weinstein geboren, wurde er zum Gesicht einer aktivistischen oppositionellen Bewegung. »Anderes Russland« begann 2007 mit Straßendemonstrationen – den »Märschen der Andersdenkenden« – Widerstand gegen die autoritäre Führung Putins zu mobilisieren. Die ohnehin wenigen Demonstranten wurden von Sondereinheiten der Miliz brutal auseinandergetrieben, viele von ihnen, darunter auch Kasparov, für kurze Zeit festgenommen. Kasjanov hat sich bald aus der Koalition zurückgezogen und die inneren Spannungen haben zugenommen. »Jabloko« hat sich an den Protestmärschen nicht beteiligt; die SPS erst kurz vor den Wahlen zur Staatsduma im Dezember 2007, als das Präsidialamt der Führung der SPS deutlich machte, dass sie nicht mit dem Einzug in die Staatsduma werde rechnen können.

Nach dem Wahldebakel von »Jabloko« und SPS im Dezember 2007 hat es einige wenige Versuche der Annäherung an Kasparovs Koalition gegeben; sie blieben letztlich erfolglos. Auch Kasparovs Bewegung kann als gescheitert angesehen werden. Der im Dezember 2008 gestartete Versuch, mit »Solidarität« (»Solidarnost«) eine geeinte demokratische Bewegung aufzubauen, kann als wenig aussichtsreich angesehen werden.

Vladimir Putin hat das Ziel, eine willfährige Staatsduma mit gesicherten Mehrheiten einzurichten, erreicht. Neben »Geeintes Russland« kann sich die Regierung auch auf die ebenfalls von Putins Präsidialamt ins Leben gerufene Partei »Gerechtes Russland« (*Spravedlivaja Rossija*), angeführt vom Vorsitzenden des Föderationsrates, Sergej Mironov, stützen. Die LDPR zählt als »stilles Mitglied« zu dieser Koalition. Lediglich die Fraktion der Kommunisten in der Staatsduma – weniger als 12 Prozent der Mandatare – kann noch als regierungskritisch angesehen werden.

Die Ausschaltung des Medienpluralismus

Putin war sich nach seiner Wahl im März 2000 durchaus bewusst, dass seine Machtstellung ungefestigt war. Die Akteure, die seinen Aufstieg ermöglicht hatten – die Mitglieder des Elitenkartells der *semja* (siehe auch Seite 79) –, erwarteten von ihm, deren Interessen zu vertreten. Die graue Eminenz des Machtwechsels, Boris Berezovskij, auszuschalten, war unabdingbar, wollte sich Putin aus den Fängen des Kartells lösen. Nicht zuletzt die mediale Macht Berezovskij's – die Kontrolle über den Fernsehsender ORT (*Ostankino*) – hatte Putins Aufstieg ermöglicht; Putin war klar, dass sie auch eingesetzt werden konnte, um ihn aus seinem Amt zu entfernen.

Putin hat sich überraschend früh entschieden, die Auseinandersetzung mit Berezovskij zu suchen. Anlass für den frühen Vorstoß war wohl die kritische Berichterstattung von ORT über das Verhalten Putins beim Unglück des U-Bootes *Kursk* im August 2000. 2001 wählte Berezovskij das Exil in London, um der Verhaftung zu entgehen. ORT kam indirekt – über den Mittelsmann Roman Abramovič – wieder unter staatliche Kontrolle und wurden in »Erster Kanal« (*Pjervyj Kanal*) umbenannt.

Die Macht über die Fernsehsender und Zeitungen

ORT ist der russländische Fernsehsender mit der größten Reichweite. Ganz unter staatlicher Kontrolle ist der Sender »Russländisches Fernsehen« (*Telekanal Rossija*, TR). TR hat die zweitgrößte Reichweite und ist, wie ORT nach 2001 auch, gänzlich auf Regierungslinie. Die Kontrolle der elektronischen Medien ist für den Machterhalt in Russland äußerst wichtig, denn das Fernsehen ist für die große Mehrheit der russländischen Bürger die vorrangige Informationsquelle. Bei einer Umfrage im August 2007 zeigte sich, dass das landesweite Fernsehen von 90 Prozent der Bürger als wichtigstes Informationsmedium angegeben wird; deutlich abgeschlagen, nur von 30 Prozent, wurden die landesweiten Zeitungen und Magazine genannt, gleichauf mit den regionalen Fernsehstationen.

Die Auflagen der landesweiten Zeitungen – *Izvestija, Kommersant, Nezavissimaja gazeta, Vedomosti, Novaja gazeta* – sind jedoch sehr gering, ihre Zirkulation, die Zahl

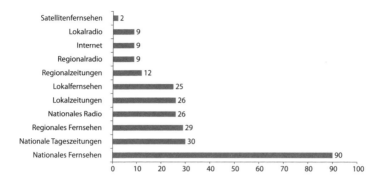

Quelle: http//: bd.fom.ru/report/cat/smi/smi_rei/d073121

Grafik 12: Umfrage zu den Hauptinformationsquellen in Russland (August 2007)

der Leser, ebenfalls. Staatliche Medienkontrolle erfordert daher vorrangig die Kontrolle der Fernsehsender. Nach der Übernahme von ORT war es für Putin wichtig, den drittstärksten Fernsehsender, das »Unabhängige Fernsehen« NTV, zu kontrollieren. NTV war das Flaggschiff des Unternehmens *Media Most* des Oligarchen Vladimir Gusinskij. *Media Most* verlegte aber auch die Tageszeitung *Sevodnja* und das Wochenmagazin *Itogi*; zu dieser Holding gehört auch die *Most Bank*. NTV war vehemente Kritikerin des von Jelzin begonnenen Tschetschenienkrieges; zurückhaltender, aber doch kritisch, bewertete sie auch den von Putin 1999 begonnenen Feldzug. NTV hatte ebenso wie ORT Putins Rolle während der *Kursk*-Tragödie kritisiert; mehr noch, auf NTV wurde wiederholt darüber diskutiert, ob in die Bombenanschläge in Moskau im September 1999 der Inlandsgeheimdienst FSB verwickelt gewesen sei.

Putins Ansehen in der Bevölkerung aber war mit seinem

siegreichen Feldzug im Nordkaukasus verbunden; negative Berichterstattung darüber war daher auch eine Bedrohung für Putin selbst; mehr noch galt dies für die Debatte über die Rolle des FSB bei den Attentaten im Herbst 1999. Gusinskij wurde im Juli 2001 verhaftet. Im Gefängnis willigte er ein, *Media Most* an den staatlich kontrollierten Gaskonzern *Gazprom* zu verkaufen. Gusinskij setzte sich nach Spanien ab und lebt heute in Israel.

Gazprom Media stellte die Tageszeitung *Sevodnja* ein. Die redaktionelle Linie von *Itogi* und NTV wurde radikal geändert. Die führenden Redakteure von NTV verließen den Sender, ihre Versuche, mit den Fernsehsendern TV-6 und TVS weiterhin kritische Berichterstattung zu ermöglichen, scheiterten. *Gazprom Media* besitzt auch den Unterhaltungssender TNT.

Eigentümer des privaten Fernsehsenders Ren-TV sind Jurij Kovalčuk, Eigentümer der *Bank Rossija* und persönlicher Freund von Vladimir Putin, und das private Ölunternehmen *Surgutneftegaz*, das Putin ebenfalls sehr nahe steht.

Die Gleichschaltung der Tageszeitungen wurde erst später eingeleitet; aufgrund ihrer niedrigen Auflage war dies weniger vordringlich als die Kontrolle der Fernsehsender. Auch hier kam *Gazprom Media* eine Schlüsselrolle zu. Die Tageszeitung *Izvestija* wurde von dem *Gazprom*-Tochterunternehmen aufgekauft und im Mai 2007 an die Versicherungsgesellschaft *Sogaz* verkauft. *Sogaz* aber gehört Kovalčuks *Bank Rossija*. Bereits im Januar 2007 hatte *Gazprom Media* die auflagenstarke populäre Boulevardzeitung *Komsomolskaja pravda* gekauft, veräußerte sie aber im Dezember 2007 an Oleg Rudnov, Miteigentümer der *Bank Rossija*. Der Leiter von *Gazprom Invest*,Ališer Usmanov, wiederum kaufte die angesehene Tageszeitung *Kommersant*.

Putin ist es gelungen, auch den Medienpluralismus in Russland einzuschränken; ein weiterer Faktor, der Jelzins Machtfülle noch begrenzt hatte.

Aber nicht nur die neue Eigentümerstruktur der wichtigsten russländischen Medien war dabei nützlich. Auch die Einschüchterung von Journalisten oder deren Ermordung haben in der Amtszeit Putins zugenommen. Das tragische Gesicht, Symbolfigur für eine Reihe von ermordeten Journalisten, ist Anna Politkovskaja. Die Journalistin hatte für die liberale Wochenzeitung *Obščaja gazeta* geschrieben, die 2002 eingestellt wurde. Dann wechselte sie zur Zeitschrift *Novaja gazeta*, die nur eine kleine Auflage von 75 000 Exemplaren aufweist. Politkovskaja wurde im Oktober 2006 erschossen. Eigentümer der kleinen Tageszeitung sind Michail Gorbačov und der Unternehmer Aleksandr Lebedev.

Zerschlagung der Macht der Oligarchen?

Entgegen der Ankündigung Putins im Jahr 2000, die »Oligarchen als Klasse« zu beseitigen, besteht die enge Verflechtung zwischen der politischen Herrschaftselite und den finanzindustriellen Holdings weiterhin – nur haben sich die Mitglieder des Oligarchenzirkels geändert: Die Oligarchen mit starken Medienholdings, allen voran Boris Berezovskij und Vladimir Gusinskij (beide leben nunmehr im Exil), wurden entfernt. Die elektronischen Medien, vor allem das Fernsehen, sind nun in direktem oder indirektem staatlichen Eigentum und werden zur regimefreundlichen Meinungsbildung eingesetzt.

Putin hat allerdings bei einem Treffen mit den führenden russländischen Unternehmern in seiner Residenz Novo Ogarjovo im Juli 2000 rote Linien vorgegeben: Der mit welchen Methoden auch immer angehäufte Reichtum der Magnaten werde unangetastet bleiben, wenn sie darauf verzichten, sich in staatliche Entscheidungsprozesse einzumengen oder politisch aktiv zu werden. Die Regeln waren damit klar, die Folgen des Regelbruchs auch.

Die Zerschlagung des *Yukos*-Ölkonzerns, die Verhaftung von Platon Lebedev, CEO der Holding *Menatep Group*, im Juli 2003 und von Michail Chodorkovskij, Eigentümer des Ölunternehmens *Yukos*, kann als Zeitenwende in der Amtszeit Putins angesehen werden. Der 1963 geborene Michail Chodorkovskij hat als Funktionär des Komsomol über politische Netzwerke in den letzten Jahren der UdSSR durch den Importhandel mit Computern und – angeblich gefälschten –

Spirituosen das Kapital zur Gründung der *Bank Menatep* erworben. Russländische Ministerien und staatliche Unternehmen führten ihren Zahlungsverkehr über die *Bank Menatep* ab. Bei der Privatisierung des staatlichen Ölunternehmens *Yukos* im Rahmen des »*loans for shares*«-Verfahrens 1995 hat Chodorkovskij 78 Prozent der Aktienanteile erworben – für 159 Mio. USD (nur 9 Mio. über dem Ausrufepreis) und eine Investitionszusage von 150 Mio. USD und damit deutlich unter dem Marktwert des Unternehmens. *Yukos* und die *Bank Menatep* zeichneten sich durch brachiale Geschäftspraktiken aus. Davon konnten sich das Ölunternehmen *Amoco* und ein deutsch-japanisch-südafrikanisches Bankenkonsortium, an dem die deutsche *WestLB* beteiligt war, eingehend überzeugen. Gerüchte halten sich auch, *Menatep* könnte in die Veruntreuung von Stützungsgeldern des Internationalen Währungsfonds und Geldwäsche über die *Bank of New York* beteiligt gewesen sein.

In den kommenden Jahren änderte Chodorkovskij sein Geschäftsverhalten. Durch Offenlegung der Aktionärsanteile und Anwendung internationaler Regeln zur Finanzbuchführung (GAAP) konnte er das Vertrauen ausländischer Investoren gewinnen. Zu seinem Imagewandel haben sicher auch seine philanthropischen Aktivitäten, vor allem über seine *Open Society Foundation*, beigetragen. Außerdem begann der Unternehmer, politische Parteien zu finanzieren – allerdings nicht nur oppositionelle Parteien wie die KPRF oder »Jabloko«; Gelder sollen angeblich auch an die neue Staatspartei »Geeintes Russland« geflossen sein. Die zugrunde liegende Absicht von Chodorkovskij war es vermutlich, Mehrheiten in der Staatsduma für die Erhöhung der Förder- und Exportsteuern für Rohöl zu verhindern.

Der eigentliche Grund für die Verhaftung Chodorkovskijs waren denn auch weniger seine Ambitionen auf politische Ämter oder politische Mitsprache; entscheidender war wohl ein strategisch-volkswirtschaftlicher Faktor. Im April 2003 wurde bekannt, dass die Ölunternehmen *Yukos* und *Sibneft* – im Eigentum von Roman Abramovič – zu fusionieren beabsichtigten. Dadurch wäre ein Ölkonzern entstanden, der in den gesicherten Ölreserven nur noch von *ExxonMobil* übertroffen worden wäre. Das neue Unternehmen hätte auch mehr als 30 Prozent der russländischen Ölproduktion kontrolliert. Gleichzeitig hatte Chodorkovskij Verhandlungen mit *ExxonMobil* und *ChevronTexaco* über den Verkauf von Unternehmensanteilen des fusionierten Ölkonzerns aufgenommen. Gespräche führte der *Yukos*-Eigentümer darüber auch mit dem Vizepräsidenten der USA, Dick Cheney. Bei einem Verkauf wären erhebliche Aktienanteile des größten russländischen Erdölunternehmens an ausländische Konzerne gefallen.

Chodorkovskij forderte auch öffentlich eine stärkere Annäherung Russlands an die USA und unterstützte – anders als die russländische Regierung – die militärische Intervention der USA im Irak. Außerdem bemühte sich der *Yukos*-Eigentümer um den Bau einer privaten Ölpipeline nach Murmansk. In Russland aber liegt das Monopol für Ölleitungen bei der staatlichen *Transneft*.

Die Faktoren, die zur Verhaftung des Ölmagnaten geführt haben, sind daher zahlreich. Angeblich gab es auch wiederholt Warnungen an Chodorkovskij, seine Absichten und Vorhaben zu ändern. Unter Missachtung rechtsstaatlicher Verfahren wurden Chodorkovskij und Lebedev wegen Betrugs und Steuerhinterziehung verurteilt. Chodorkovskij verbüßt seine achtjährige Gefängnisstrafe im Lager 13 in Krasnokamensk.

Eine Bewertung der autoritären Herrschaftsordnung

In Russland bestehen derzeit weder auf der Angebots- noch auf der Nachfrageseite die Grundlagen einer nachhaltigen Demokratisierung: Die liberalen und demokratischen Bewegungen können sich wegen programmatischer Differenzen, v. a. aber wegen persönlicher Ambitionen und Rivalitäten noch immer nicht auf eine gemeinsame Front gegen den autoritären Kurs Putins zusammenschließen. Den auf demokratische Mitbestimmung bedachten städtischen Bevölkerungsschichten bietet sich damit auf der Angebotsseite keine glaubwürdige und effiziente Alternative. Aber auch auf der Nachfrageseite fehlen derzeit die Voraussetzungen für eine nachhaltige Demokratiebewegung: Die große Mehrheit der Bevölkerung zieht Stabilität, zivile Lebensperspektiven und moderate Wohlfahrtssteigerung der demokratischen Mitbestimmung vor – niemals haben mehr als 15 Prozent der Bevölkerung in den letzten sechs Jahren die Möglichkeit, die Führung ihres Landes frei zu wählen, als einen unverzichtbaren Wert bezeichnet. Die hohe Popularität Putins stützt sich geradezu darauf, eine systemische und personelle Antithese zur Lebens- und Herrschaftswirklichkeit unter Boris Jelzin aufzubauen: Wirtschaftlicher Zusammenbruch, soziale Verelendung, die demografische Katastrophe, die politische Instabilität, das Staatsversagen in grundlegenden Bereichen und das Führungsversagen eines kranken Präsidenten hatten Russland gelähmt. Putin erschien bei der Wahl zum Präsidenten in 2000 als Vertreter einer neuen Generation, als Hoffnungsträger eines verantwortlichen Staates, der die grundlegenden Bedürfnisse der Bevölkerung an ökonomischer und sozialer Sicherheit befriedigen zu können schien; seine oft nicht durch eigenes Zutun erreichten Erfolge in diesem Bereich sind die Determinanten der anhaltend hohen Zustimmung durch die Russländer/innen. Dies wird natürlich *auch* dadurch ermöglicht, dass die staatliche Knebelung russländischer Medien dem Regime die Informationshoheit gegenüber der eigenen Bevölkerung garantiert; zugleich aber gilt es resignativ anzumerken, dass außerhalb großstädtischer, liberal denkender Nischensegmente Putins autoritäre Herrschaftsausübung von der russländischen Bevölkerung akzeptiert wird.

So legitim und notwendig Kritik von außen an der russländischen Herrschaftsordnung auch ist – sie muss zur Kenntnis nehmen, dass sie von einer Mehrheit der Russländer/innen mit Skepsis aufgenommen wird. Die Glaubwürdigkeit westlicher Akteure ist innerhalb der russländischen Bevölkerung gering. Diese haben in den neunziger Jahren (in den Augen der russländischen Bevölkerung) jene politische Elite bedingungslos unterstützt, die für die Bevölkerung v. a. für politische Grabenkämpfe, Ineffizienz, Korruption, ökonomischen Zusammenbruch und soziale Verwahrlosung verantwortlich war. Westliche Menschenrechtspolitik muss daher in ihren Erwartungen bescheiden bleiben; sie muss mit einer russländischen zivilen Graswurzelbewegung und dem wachsenden Demokratieanspruch der größer werdenden sozialen Mittelschicht zusammenarbeiten, die erst nach vielen Jahren wirklich zu einem Druckfaktor auf das russländische Regime werden können.

Der Nachfolger: Dmitrij Medvedev

Nach den Vorgaben der geltenden russländischen Verfassung musste Putin im Mai 2008 das Amt des Staatspräsidenten zurücklegen. Wichtige Akteure im Umfeld Putins waren beunruhigt über den anstehenden Machtwechsel. Die Unsicherheit über den Ausgang der Machtübertragung und seine Auswirkungen auf Status und Wohlstand veranlasste Teile von Putins Gefolgsleuten, allen voran die Nachrichtendienstoffiziere, Putin zu einer Verfassungsänderung zu drängen, die ihm eine dritte Amtszeit ermöglichen sollte. Angesichts der Kontrolle der Staatspartei über die Staatsduma und den Föderationsrat wäre eine derartige Änderung rasch möglich gewesen; auch innerhalb der Bevölkerung war die Zustimmung zu einer dritten Amtszeit Putins hoch. Putin aber lehnte ab; zu sehr hätte ihn dies in die Nähe des belarussischen Diktators Lukašenko oder zentralasiatischer Autokraten wie Nijazov (Uzbekistan) oder Nazarbaev (Kazachstan) gerückt.

Das eigentliche Risiko des anstehenden Machtwechsels war aber kein rechtliches, sondern die Gefährdung der inneren Stabilität des Landes angesichts aufbrechender Konflikte innerhalb des Elitenkartells, das Putin aufgebaut hatte. Putin stützte seine präsidiale Amtsführung auf verschiedene Lager von Funktionseliten. Vertreter der Sicherheitsstrukturen in den wirtschaftlichen, politischen und administrativen Führungsstäben wurden eingehegt durch das Lager der moderaten liberalen Ökonomen und der technokratisch-pragmatischen Juristen. Putin hatte in seiner Amtszeit immer wieder Korrekturen im Wege der Ämter(um-)besetzung vorgenommen, wenn das Gleichgewicht dieses Gefüges verloren zu gehen drohte.

Das zu erwartende Abtreten Putins löste starke Reibungsverluste zwischen diesen Lagern aus. Alle Fraktionen positionierten sich in der Nachfolgefrage und versuchten dabei sowohl inhaltliche als auch personelle Weichenstellungen vorzunehmen. Diese Richtungs- und Verteilungskämpfe führten zu Unruhe, sinkender Berechenbarkeit der russländischen Politik und vermuteten Intrigen – diskutiert werden in diesem Sinne die Ermordung A. Politkovskajas und die Vergiftung des ehemaligen Nachrichtendienstoffiziers A. Litvinenko mit Polonium (2006).

Im November 2005 hatte Putin Dmitrij Medvedev und Sergei Ivanov innerhalb des Kabinetts mit besonderen Aufgaben betraut; eine Ernennung, die als Auswahl von zwei Kronprinzen interpretiert wurde.

Die Kronprinzen

Der Nachrichtendienstoffizier Sergei Ivanov, Verteidigungsminister seit 2001, wurde im November 2005 auch zum stv. Ministerpräsidenten erhoben – zuständig für die Koordination aller Nachrichtendienste. Im März 2006 wurde er von Putin auch mit der Leitung der »Ständigen Rüstungskommission« innerhalb des Kabinetts betraut, die für das Beschaffungswesen der Streitkräfte verantwortlich ist. Obwohl Ivanov, Jahrgang 1953, nur wenige Monate nach Putin in Leningrad geboren, eine erfolgreiche Karriere als Geheimdienstoffizier vorweisen kann, zählte er nicht zum inneren, radikalen Kreis der *siloviki* um Putin – Akteuren wie Igor Sečin, Viktor Ivanov oder Nikolaj Patrušev. Sergej Ivanov war sehr darauf bedacht, seine Handlungsfreiheit zu bewahren, und war daher im Lager der Sicherheitsdienste eher ein Einzelgänger. Die radikalen *siloviki* betrachteten ihn daher zumeist mit Misstrauen.

Dmitrij Medvedev, 1965 in Leningrad geboren, bis dahin Leiter des Präsidialamtes von Putin, wurde wie Ivanov im November 2005 aufgewertet und mit der Leitung einer Regierungskommission betraut, deren Aufgabe es war, vier »nationale Projekte« als prioritäre Fördersektoren zu betreuen: Dies waren Gesundheit, Erziehung, Wohnungsbau und Landwirtschaft. Medvedev wurde sogar zum Ersten stv. Ministerpräsidenten ernannt, Ivanov lediglich zum stv. Ministerpräsidenten. Der Jurist Medvedev, 12 Jahre jünger als Ivanov, der seit 1991 mit Putin eng zusammengearbeitet hatte, war der Vertreter des technokratischen Lagers in der Umgebung Putins.

Putin hat damit sehr früh begonnen, die Fähigkeiten möglicher Amtsnachfolger auszuloten, zugleich waren beide Fraktionen seines Elitenkartells in diesem Wettbewerb vertreten. Zwar war völlig klar, dass Putin nur wenige Monate vor dem Ende seiner Amtszeit seinen bevorzugten Nachfolger *benennen* würde; er hätte seine Autorität zu sehr ausgehöhlt, wenn er dies früher getan hätte.

Ich bin mir aber ziemlich sicher, dass Putin auch sehr spät *entschieden* hat, wen er bei den Wahlen unterstützen wird. Putin hatte keinen lange angelegten strategischen Plan, wen er auf welche Weise als seinen Nachfolger unterstützen würde; zu unwägbar war dafür die innere Machtverteilung im präsidialen Elitenkartell.

Medvedev und Ivanov wurden die gleichen Wettbewerbsbedingungen eingeräumt: Beide hatten den gleichen Zugang zu den staatlichen Medien, beide waren immer wieder an der Seite Putins bei wichtigen Staatsbesuchen. Das Ansehen der beiden Kronprinzen in der Bevölkerung war annähernd gleich. Ränkespiele und Intrigen zwischen den beiden Lagern drangen zwar immer wieder nach außen, doch war es kaum möglich, diese Signale richtig zu deuten. Winston Churchill hat die russländische Politik – auf Stalin zielend – folgendermaßen beschrieben: »Kremlin political intrigues are comparable to a bulldog fighting under a rug. An outsider only hears the growling, and when he sees the bones fly out from beneath it is obvious who won.«

Viele Beobachter erwarteten, dass Putin, gemäß dem Szenario der Machtübergabe von 1999, im Oktober 2007 einen neuen Regierungschef ernennen und in dieses Amt seinen Nachfolger berufen würde. Die Entscheidung erfolgte bereits am 12. September: Michail Fradkov wurde als Ministerpräsident abberufen und durch Viktor Zubkov ersetzt. Alle Beobachter waren überrascht – noch am Vorabend hatte die Zeitung *Vedomosti* berichtet, Sergej Ivanov werde ernannt werden. Offen war auch, wie die Ernennung Zubkovs zu bewerten war: Sollte Putin wirklich den 1941 geborenen Agrarexperten aus der Region Leningrad als neuen Staatspräsidenten auserkoren haben? Putin hatte mit Zubkov 1991 für kurze Zeit in der Abteilung für Außenwirtschaft der Sankt Petersburger Stadtverwaltung zusammengearbeitet und er hatte ihn 2001 zum Leiter der Finanzaufsicht im Finanzministerium ernannt. Zubkov war auch keinem der beiden starken Lager im Elitenkartell zuzuordnen.

Einige Beobachter werteten die Ernennung Zubkovs als Indiz dafür, dass Putin sich für die Option »technischer

Präsident« entschieden habe. Demnach wäre Putin zwar als Präsident ausgeschieden, aber sein Nachfolger würde nur kurze Zeit im Amt bleiben und dann zurücktreten. Bei den dann anzusetzenden Wahlen hätte sich Putin rechtskonform erneut um das Amt des Staatspräsidenten bewerben können. Zubkov, älter als Putin und ohne wirkliche Hausmacht, wurde als idealer Kandidat dafür angesehen. Auch im Kabinett Zubkov behielten Ivanov und Medvedev ihre Funktionen als Erster stv. bzw. stv. Ministerpräsident; Ivanov war freilich bereits im Februar 2007 als Verteidigungsminister abberufen worden. Auch damals waren sich die Beobachter uneinig, ob dieser Schritt erfolgt war, um Ivanov zu schwächen oder aber um ihn aus einer Funktion abzuberufen, in der er sich nicht immer als leitungsstarker Minister gezeigt hatte.

In den Monaten nach der Regierungsumbildung konzentrierte sich die Aufmerksamkeit auf die am 2. Dezember angesetzten Wahlen zur Staatsduma.

Die Wahlen zur Staatsduma 2007

Niemand zweifelte daran, dass die Staatspartei »Geeintes Russland« die Wahlen gewinnen würde. Das Ansehen der farblosen, grauen Bürokratenriege, ohne klare Ziele und Konzepte, war bei den russländischen Wählern zwar gering. Aber es war eben die Partei Vladimir Putins. Das allein war Grund genug, sie zu wählen. Auch konnte sie wie bei den Wahlen 2003 auf exzessive und wohlwollende Berichte in den staatlichen Medien, ausreichende Finanzmittel, aktive Unterstützung der Regionalverwaltungen und eine wohlwollende Auszählung der Wählerstimmen zählen.

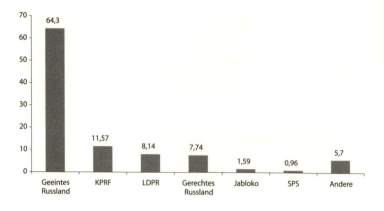

Grafik 13: Wahlen zur Staatsduma 2007. Stimmenanteile in Prozent

Daher überraschte es, als Putin im Oktober 2007 ankündigte, die Kandidatenliste von »Geeintes Russland« bei den Wahlen zur Staatsduma anzuführen. Die zentrale Losung wurde nun: »*Plan Putina – Pobeda Rossii*«; der »Plan Putin führt zum Sieg Russlands«. Die Wahlen zur Staatsduma wurden damit endgültig zu einem Referendum über Vladimir Putin. Die Staatspartei erzielte mit 64,3 Prozent der Wählerstimmen einen eindrucksvollen Wahlsieg. Die Kommunisten erreichten den zweiten Rang – aber nur mit 11,6 Prozent der gültigen Stimmen. Die immer nützliche rechtsnationalistische LDPR war wieder in der Staatsduma vertreten. Die zweite Staatspartei, »Gerechtes Russland« – die unter der Führung Sergej Mironovs eine linkszentristische Alternative sein sollte –, hatte nach Putins Entscheidung, die Kandidatenliste von »Geeintes Russland« anzuführen, rasch an Wählerunterstützung verloren. Wie es

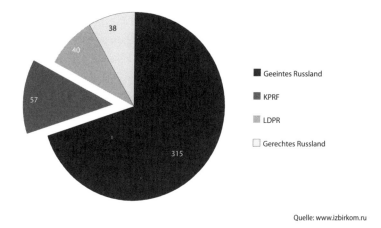

Grafik 14: Wahlen zur Staatsduma 2007; Mandatsverteilung

scheint, ist es aber gelungen, ihr mit offiziell 7,7 Prozent der Stimmen die Tür in die Staatsduma zu öffnen. Die liberalen Rivalen SPS und »Jabloko« aber wurden an der Wahlurne zertrümmert.

»Geeintes Russland« erreichte mit 315 Mandaten erneut eine Verfassungsmehrheit in der Staatsduma; zusammen mit dem »Gerechten Russland« kontrolliert Vladimir Putin damit 353 Mandate, das sind 78,4 Prozent der Sitze. Die einzige oppositionelle Kraft, die KPRF, hält nur 12,7 Prozent der Mandate. Im April 2008 entschied sich Putin, den Vorsitz von »Geeintes Russland« zu übernehmen, beharrt aber darauf, weiterhin nicht Mitglied sein zu müssen. Putin ist also Vorsitzender einer Partei, deren Mitglied er nicht ist. »Geeintes Russland« hat das Statut willfährig dahingehend abgeändert.

Die Regie des Präsidialamtes hatte also funktioniert: Die

Staatsparteien kontrollieren die Abgeordnetenkammer, die kommunistische Opposition ist marginalisiert. Der Sieg der beiden regimetreuen Parteien wäre bei freien und demokratischen Wahlen zwar kleiner ausgefallen, aber eine Mandatsmehrheit wäre dennoch sicher gewesen. Putin und seine Berater wollten dies aber nicht zulassen. Zum einen waren die Wahlen auch ein Referendum über Putin; die Zustimmung zur Staatspartei, deren Liste er anführte, musste also sehr hoch sein. Zum anderen aber ist Putin ein außerordentlicher Kontrollanspruch eigen: Selbst kleine Regungen des Dissenses werden nicht zugelassen. Dabei könnte es sich das herrschende Elitenkartell leisten, kleine liberale Parteien in der Staatsduma zuzulassen (wenn diese sich überhaupt einigen könnten, als gemeinsame Front anzutreten). Die Legitimität der Staatsduma würde dadurch angehoben, ausländische Kritik vermutlich (noch) leiser.

Die Präsidentenwahlen

Wenige Tage nach den Wahlen zur Staatsduma wurden die Weichen für Putins Nachfolge gestellt: Putin erklärte, Dmitrij Medvedev bei den Wahlen zum Staatspräsidenten zu unterstützen. »Geeintes Russland« nominierte Medvedev auf ihrem Kongress am 17. Dezember 2007. Dieser ersuchte Putin umgehend, das Amt des Ministerpräsidenten zu übernehmen, sollte er tatsächlich zum Staatspräsidenten gewählt werden. Putin nahm das Angebot an.

Den Bürgern Russlands wurde bei den Präsidentenwahlen im März 2008 damit ein Tandem angeboten: der Vertraute Putins als neuer Staatspräsident, Putin aber zieht sich nicht zurück, sondern steht im als Ministerpräsident zur Seite. Wie sehr die ausgesandte Botschaft auch den tatsächlichen Motiven und Interessen der beiden Akteure entspricht, wird noch immer heftig diskutiert.

Die Wochen vor den Wahlen waren unaufgeregt, die Entscheidungen waren bereits gefallen. Im Umgang mit dem Wahlvolk wirkte Medvedev noch hölzern. Der junge Jurist, der sich noch nie um ein Wahlamt bemüht hatte, wirkte ungeübt, steif und bisweilen etwas hilflos. Medvedev ist bedachter und besonnener als sein Vorgänger. Die scheue Zaghaftigkeit störte auch nicht wirklich – schon gar nicht in gelenkten Wahlen. Medvedev hatte uneingeschränkten Zugang zu den elektronischen Medien; die Berichterstattung war, wie immer für die herrschende Elite, wohlwollend. Die Sendezeit, in der über Aktivitäten Medvedevs berichtet wurde, war sehr viel länger als für die anderen Bewerber, NTV berichtete siebzehn Mal so ausführlich über Medvedev. Der Fernsehsender NTV gehört *Gazprom Media*, und Medvedev war damals Vorsitzender des Aufsichtsrates von *Gazprom*. Die Werte für andere Sender: *Pjervij Kanal* berichtete 5,5-mal, *Rossija* 4,2-mal so lange wie über die anderen Bewerber; lediglich *Ren-TV* berichtete ausgeglichener mit dem Wert 1,8.

Die Zahl der Bewerber war aber ohnehin gering. Neben Medvedev hatten sich auch Zjuganov und Žirinovskij wieder entschieden, an den Wahlen teilzunehmen. Der vierte Bewerber war Andrej Bogdanov – ehemals Mitglied von »Geeintes Russland«, dann mit Unterstützung des Präsidialamtes Vorsitzender der Demokratischen Partei Russlands. Michail Kasjanov wurde zur Wahl nicht zugelassen, weil er angeblich zu wenige Unterstützungserklärungen hatte sammeln können; erstaunlich, dass ein früherer Mi-

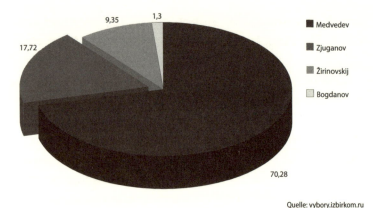

Quelle: vybory.izbirkom.ru

Grafik 15: Ergebnisse der Wahl zum Staatspräsidenten 2008

nisterpräsident daran scheitert, während der exzentrische und weithin unbekannte Bogdanov diese Hürde leicht genommen hatte.

Bei einer Wahlbeteiligung von 69,8 Prozent erreichte Medvedev einen Stimmenanteil von 70,3 Prozent. Mit 17,2 Prozent erzielte Zjuganov zwar ein deutlich besseres Ergebnis als die KPRF bei den vorangegangenen Wahlen zur Staatsduma, blieb aber abgeschlagen. Mit 9,4 Prozent erreichte Žirinovskij das Ergebnis, das für ihn vorgesehen war.

Der neue Präsident

Es wird sich zeigen müssen, wie sehr es Medvedev gelingt, seine eigene Linie in der Ausübung des Präsidentenamtes zu finden, wie sehr er die Akzente seiner Persönlichkeit stärken und ausdrücken kann, die ihn von Putin unterscheiden. Medvedev ist sicher besonnener, aber weniger hartnäckig. Putin ist ihm in den Techniken der Macht und im strategischen Denken zweifellos überlegen.

Medvedev ist wie Putin in Leningrad als Einzelkind aufgewachsen. Putin hatte zwar einen Bruder, der jedoch bald starb. Der familiäre Hintergrund aber ist anders: Medvedev war das Kind akademischer Eltern, sein Vater war Ingenieur (er starb 2004), seine Mutter Sprachlehrerin. Medvedev und Putin trennt beinahe eine Generation; ihre Sozialisation ist unterschiedlich. Medvedev ist nie mit Nachrichtendiensten in Verbindung gekommen; er hat auch Erfahrungen in der privaten Wirtschaft als Berater des Holzunternehmens *Ilim Pulp*. Es verdient Beachtung, dass Medvedev sich 1988 taufen ließ; dies war durchaus ein Wagnis und damit Ausdruck seiner Charakterstärke. Denn hätte sich in der UdSSR eine konservative Wende ereignet, hätte dies seiner Karriere sicherlich geschadet.

Die Rahmenbedingungen, unter denen Medvedev das Amt des Staatspräsidenten übernahm, sind noch ungünstiger, als sie es für Putin 2000 waren. Auch das Netzwerk an Gefolgsleuten, auf das sich Medvedev stützen kann, ist noch relativ schwach. Anders als Putin, wird Medvedev auch an der Leistung seines Amtsvorgängers gemessen, mehr noch, Putin als der abgetretene Präsident verbleibt über die Leitung der Regierung im inneren Kreis der Macht.

Medvedevs Gefolgsleute

Das Lager der Getreuen um Medvedev ist noch klein. Zu ihm gehören zum einen ehemalige Arbeitskollegen der Rechtsfakultät von Sankt Petersburg, zum anderen Mitarbeiter der staatlich kontrollierten *Gazprom*. Es sind vor allem die Juristen, auf die sich Medvedev stützen kann – seine Unterstützer haben *alle* die Rechtsfakultät der Staatlichen Universität in Leningrad absolviert. Konkret sind dies:

Anton Ivanov aus der Region Leningrad, wie Medvedev 1965 geboren. Auch Ivanov hat an der Rechtsfakultät der Leningrader Universität studiert; im Januar 2005 wurde er zum Vorsitzenden des Obersten Schiedsgerichtes in Moskau ernannt, zuvor war er in führender Funktion für die Medientochter von *Gazprom – Gazprom Media –* tätig. Zusammen mit Medvedev ist er auch Mitglied des Präsidiums der Rechtsanwaltsvereinigung Russlands. Anton Ivanov ist als Einziger von Medvedev öffentlich als Freund bezeichnet worden.

Auch Nikolaj Vinničenko, 1965 in Kazachstan geboren, studierte an der Rechtsfakultät in Sankt Petersburg. Er war von April 2003 bis September 2004 Oberstaatsanwalt in Sankt Petersburg, seit 2004 Leiter des Dienstes der Gerichtsvollzieher, ein sehr einflussreiches Organ im russländischen Rechtssystem.

Sergej Mavrin, 1951 in Brjansk geboren, absolvierte 1977 das Jurastudium an der Leningrader Rechtsfakultät. Bis 2005 arbeitete er als Dozent an dieser Fakultät, im Februar 2005 wurde er von Putin zum Richter am Verfassungsgericht ernannt.

Sergej Kazancev wurde 1955 in Leningrad geboren, auch er hat 1977 das Jurastudium an der Rechtsfakultät in Leningrad abgeschlossen. Er arbeitete bis 2002 als Dozent an der Rechtsfakultät in Leningrad und wurde im März 2002 von Vladimir Putin zum Richter am Verfassungsgericht Russlands ernannt.

Mit Aleksandr Konovalov und Dmitrij Kozak kommen weitere Absolventen der Rechtsfakultät in Leningrad zur Riege Medvedevs hinzu: Konovalov als Justizminister, Kozak als Minister für regionale Entwicklung.

Weitere Mitstreiter stammen aus den Rängen von *Gazprom*, etwa Konstantin Čujčenko, Leiter der Rechtsabteilung von *Gazprom*, oder Ilja Jelisejev, stv. Direktor der *Gazprombank*. Wenig überraschend, hat auch der 1965 in Lipeck geborene Čujčenko Rechtswissenschaften in Leningrad studiert. Er arbeitete zunächst in der Rechtsabteilung von *Gazprom* und war dann CEO des Gashandelsunternehmens *RosUkrEnergo*. Über dieses Unternehmen als Zwischenhändler verkaufte *Gazprom* bis Januar 2009 Erdgas an die ukrainische *Naftogaz Ukrainy*; Eigentümer der Firma sind die *Gazprombank* und ein Konsortium aus ukrainischen Geschäftsleuten. Im Mai 2008 – unmittelbar nach seinem Amtsantritt – ernannte Medvedev seinen Kollegen Čujčenko zum Leiter der Rechnungsabteilung im Präsidialamt.

Anzumerken ist allerdings, dass Medvedev auch Unterstützung von Mitgliedern des Elitenkartells Boris Jelzins aufweisen kann – allen voran von Aleksandr Vološin, Präsidialamtsleiter unter Jelzin und Putin. Außerdem von Anatolij Čubajs, bis 2008 CEO des Elektrizitätskonzerns RAO EES, nunmehr CEO der staatlichen Holding für Nanotechnologie.

Medvedevs Gegner

Seine Gegner hat Medvedev in den nachrichtendienstlichen Falken wie Sečin, Patrušev oder Bastrykin, aus deren

Sicht die Wahl Medvedevs zum Staatspräsidenten eine bittere Niederlage der *siloviki* gewesen ist. Es ist davon auszugehen, dass dieses Lager Medvedev zu schaden versucht, vor allem wird es danach trachten, das Verhältnis zwischen Medvedev und Putin zu trüben. Medvedev selbst hat dies in einem Interview offen angesprochen.

Medvedev hat den *siloviki* noch vor seiner Wahl den Fehdehandschuh hingeworfen. In einer Grundsatzrede in Krasnojarsk im Februar 2008 erklärte der Präsidentschafts-Anwärter, zukünftig sollten sich Staatsbeamte aus den Aufsichtsräten der strategischen Industriebetriebe des Landes zurückziehen. Das war eine klare Kampfansage an den radikalen Flügel der Sicherheitsdienste – allen voran an das Lager um Igor Sečin, den Aufsichtsratsvorsitzenden des staatlichen Ölunternehmens *Rosneft*, und Viktor Ivanov, den Aufsichtsratsvorsitzenden beim Rüstungsunternehmen *Almaz Antej* und bei der staatlichen Fluglinie *Aeroflot*, sowie Alexander Bastrykin, Aufsichtsratsmitglied bei *Rosatom* und Leiter der berüchtigten Untersuchungsbehörde der Generalstaatsanwaltschaft.

Medvedevs Reformpläne

Medvedev kann als moderater und liberaler Reformer gelten, ein Befund, der sich auf die bisherige Arbeit im Präsidialamt Putins und im Kabinett Fradkov stützt. Im Februar 2008 – wenige Wochen vor seiner Wahl – hat Medvedev auf einem Wirtschaftsforum in Krasnojarsk die Grundlinien seiner Regierungsvorhaben skizziert: In der Wirtschafts- und Finanzpolitik wolle er stärkere liberale Akzente setzen, als dies in der zweiten Amtszeit Putins der Fall gewesen war. Zusammen mit Finanzminister Kudrin drängte Medvedev auf budgetäre Ausgabendisziplin, die weitere Absenkung der Steuern, v. a. der Körperschaftssteuer, und auf die restriktive Nutzung des Reservefonds zur Finanzierung staatlicher Investitionen. Medvedev zeigte sich auch daran interessiert, die Restriktionen für ausländische Investoren in strategischen Sektoren der russländischen Wirtschaft zu verringern; dazu solle die Zahl der Sektoren mit restriktiven Investitionsregeln – derzeit 41 – deutlich abgesenkt werden.

Medvedev ist zu glauben, wenn er ankündigt, die Rechtssicherheit stärken zu wollen; das gilt allem voran für den Schutz der Eigentumsrechte. Medvedev und die liberalen Ökonomen wissen, wie entscheidend diese rechtlichen Garantien für gesicherte ausländische Investitionen in Russland sind. Die lange Tradition des rechtlichen Nihilismus, der Beugung des Rechts zu beenden, zugleich aber auch die Korruption zu bekämpfen, gelten für Medvedev als Schlüsselaufgaben seiner Regierung.

Aber auch sozial-, bildungs- und gesundheitspolitische Reformen werden seine Präsidentschaft kennzeichnen: Ohne verbesserte Ausbildung und medizinische Versorgung, ohne Förderung von Familien mit Kindern wird Russland nicht über eine ausreichende Zahl an gesunden, gut ausgebildeten und innovativen Arbeitskräften verfügen. Diese Reformen kommen ohnehin spät, denn das Land wird bereits in wenigen Jahren mit einem Mangel an gut ausgebildeten Arbeitskräften konfrontiert sein.

In den ersten sechs Monaten seiner Präsidentschaft aber ist es Medvedev nicht gelungen, auch nur *einen* radikalen neuen Akzent zu setzen. Bislang ist seine Amtszeit davon geprägt, akute militärische und wirtschaftliche Krisen zu bewältigen – den militärischen Konflikt Russlands mit Georgien im August 2008 und die Ausweitung der Finanzmarktkrise und deren Auswirkungen auf die russländische Realwirtschaft; beide Aspekte werden im Folgenden noch zu diskutieren sein.

Das Duumvirat

Zahlreiche Beobachter zweifeln daran, dass es Medvedev gelingen wird, sich von Vladimir Putin zu lösen und auf der Autorität seines Amtes zu beharren. Mehr noch – viele sehen ihn lediglich als einen transitorischen Amtsträger, einen »technischen Präsidenten«, der noch vor 2012 – dem Ende seiner Amtszeit – abtreten könnte. Das Drehbuch dafür wäre längst geschrieben: Medvedev hätte sich mit Putin darauf verständigt, vorzeitig aus dem Amt zu scheiden, würde dadurch Neuwahlen zum Amt des Staatspräsidenten ermöglichen, die Putin rechtskonform wieder bestreiten und – so das Drehbuch weiter – auch gewinnen würde.

Dieses Szenario ist denkbar, aber aus meiner Sicht nicht allzu wahrscheinlich. Putin hatte sich – trotz des Drängens seiner Umgebung, trotz der mehrheitlichen Unterstützung in der russländischen Bevölkerung –, geweigert, durch eine Änderung der Verfassung Staatspräsident zu bleiben; zu sehr fürchtete er den Ansehensverlust bei den ausländischen Partnern; bei all der scharfen, manchmal ätzenden Kritik an der USA und an manchen Mitgliedsstaaten der EU war es Putin immer sehr wichtig, gleichberechtigt mit am Tisch zu sitzen. Putin kümmert heftige Kritik an den autoritären Zügen seiner Herrschaft, an seinem aggressiven, bisweilen konfrontativen Auftreten kaum; dem Vorwurf, sich durch Rechtsbeugung an der Macht zu halten, will er sich jedoch nicht aussetzen.

Durch einen vorzeitigen Rücktritt Medvedevs wieder

an die Macht zu gelangen, würde den befürchteten Ansehensverlust provozieren; das Verhalten Putins würde zur Schmierenkomödie verkommen. Wenn das Ziel Putins tatsächlich die rasche Rückkehr zur Macht ist, dann wäre es klüger gewesen, sich gleich für die dritte Amtszeit zu entscheiden. Außerdem würde Medvedev damit zur lächerlichen Figur vor der russländischen Geschichte werden. Es ist kaum zu erwarten, dass Medvedevs Ambitionen darauf gerichtet sein sollten.

Das Szenario des »transitorischen Präsidenten Medvedev« kann daher als wenig wahrscheinlich gelten. Überzeugender ist es, das Duumvirat als sukzessive Machtverlagerung vom Präsidenten zur Regierung zu deuten. Viele Beobachter meinen, Medvedev würde in einem historisch einzigartigen Rollenverzicht der faktischen Abwertung des Präsidentenamtes zustimmen. Als Beleg dafür kann ein Interview Putins im Mai 2008 angeführt werden, in dem er betonte, zwar sei der Präsident der Hüter der Verfassung, die höchste exekutive Autorität läge aber bei der Regierung.

Diese Ansicht Putins deckt sich ganz gewiss nicht mit der derzeitigen verfassungsrechtlichen Aufgabenverteilung: Die Regierung ist dem Präsidenten nachgeordnet; er kann diese jederzeit entlassen, jede ihrer Entscheidungen aufheben, und einfachgesetzlich ist auch festgelegt, dass die zentralen Ministerien – Verteidigung, Inneres, Äußeres und die Nachrichtendienste – ausschließlich dem Präsidenten unterstellt und nur diesem berichts- und rechenschaftspflichtig sind. Die Exekutive ist in Russland damit asymmetrisch angelegt; der Vorsitzende der Regierung ist das deutlich schwächere Verfassungsorgan.

Wäre daraus abzuleiten, dass Putin zwar darauf verzichtet, die Verfassung zu ändern, um an der Macht zu bleiben, sich nun aber anschickt, durch eine andere *Interpretation* der Verfassung sein nunmehriges Amt aufzuwerten? Selbst wenn dies die Absicht Putins wäre – wie wahrscheinlich ist es, dass Medvedev sich dieser Erwartung Putins beugen könnte?

Medvedev ist keine willfährige und führungsschwache Persönlichkeit; als Aufsichtsratsvorsitzender von *Gazprom* hat er dies häufig bewiesen. In den letzten Monaten hat er diese Machtverlagerung auch öffentlich immer entschieden zurückgewiesen.

In einem Interview mit dem Nachrichtenmagazin *Itogi* im Februar 2008 betonte Medvedev, Russland werde ohne starke Präsidialmacht zerfallen und es könne nur einen Präsidenten geben – nicht zwei oder drei. Sowohl die politische Kultur als auch die verfassungsrechtliche Ordnung kennen nur die monokratische Herrschaftspraxis eines starken Präsidenten. Ein russischer Aphorismus meint denn auch, es könnten in einer Höhle nicht zwei Bären leben.

Die Strategie der Machtverlagerung würde auch ein erhebliches Risiko für Putin bergen. Die dramatische Krise des russländischen Finanzmarktes, der Abwertungsdruck auf die Währung, der deutliche Rückgang des volkswirtschaftlichen Wachstums, der einbrechende Wohnungsmarkt und die ansteigende Arbeitslosigkeit sind eine erhebliche Bürde für die Regierung. Diese hätte ohnehin schmerzhafte Strukturreformen vorantreiben müssen: die Freigabe der Gaspreise für die Privathaushalte, die Erhöhung der Preise für kommunale Dienstleistungen (Wasser- und Elektrizitätsversorgung, Abwasser- und Abfallentsorgung). Die soziale Unzufriedenheit der Bürger wird also steigen. Der Zorn der Bürger richtete sich bisher aber immer auf die Regierung, nicht auf den Präsidenten, der gleichsam unantastbar den Alltagsgeschäften entzogen scheint.

Ist es denkbar, dass Putin dieses Risiko unterschätzt hat? Wohl kaum. Könnte die wirtschaftliche und soziale Krise aber ein Hebel für Putin sein, an die Macht zurückzukehren – mit dem Argument, in den stürmischen Zeiten sollte das Steuerrad wieder in die Hände des starken Führers gelegt werden?

Dieses Szenario ist durchaus denkbar; aber, so meine ich, dies könnte wohl nicht *mit*, sondern nur *gegen* Dmitrij Medvedev durchgesetzt werden. Angesichts der noch nicht erstarkten Machtbasis des neuen Präsidenten wäre dessen Widerstreben derzeit aber wohl kaum ein wirkliches Hindernis.

Es ist aber noch ein drittes Szenario für dieses Duumvirat denkbar: Putin als transitorische Stütze für den neuen Präsidenten. Demnach wäre Putin bereit, für eine gewisse Zeit als wachsame graue Eminenz Medvedev darin zu unterstützen, seine Macht abzusichern und zu stärken. Zu stark sind derzeit noch die radikalen *siloviki*, zu hoch ist noch das Risiko, dass sie Medvedevs Autorität untergraben. Medvedev wird seine Autorität, ähnlich wie einst Putin, nur langsam entfalten können; dafür braucht er die Unterstützung seines Mentors. Entlang des dritten Szenarios erhält Medvedev die Gelegenheit, seine Führungsstärke zu beweisen; gelingt es ihm, sich durchzusetzen, könnte sich Putin in die zweite Reihe zurückziehen; scheitert Medvedev aber, könnte Putin die Macht wieder an sich ziehen. Ein frühzeitiger Rücktritt Medvedevs wäre *dann* nicht ausgeschlossen.

Aufschlüsse darüber, welchen Weg die russländische Innenpolitik einschlagen würde, wurden von der Bildung des neuen Kabinetts erwartet. Der Umstand, dass Putin viele seiner Mitarbeiter aus dem Präsidialamt in die Regierung mitnahm, wird von vielen Beobachtern als Ausdruck des ungebrochenen Machtanspruchs Putins gedeutet. Medvedev habe damit in seinem Stab eine Reihe von erfahrenen Funktionsträgern verloren. Diese Einschätzung verkennt jedoch die Lage gänzlich: Die Umbesetzungen im Präsidialamt bleiben insgesamt bescheiden; zahlreiche Berater Putins arbeiten auch für Medvedev. Geblieben sind viele professionelle Funktionäre, auf deren Erfahrung er setzen kann. Mit Sergej Naryškin als Leiter seines Stabes hat Medvedev zudem einen sehr fähigen Organisator einsetzen können, der in die Moskauer Netzwerke eingebunden ist. Naryškin ist auch ein enger Freund Putins. Die zwischen Putin und Medvedev eng abgestimmte Personalpolitik erlaubt es Medvedev, in einem konstruktiven Umfeld seine ersten Schritte zu machen.

Es sind die *siloviki* – die Vertreter der Nachrichtendienste –, die aus dem Kreml abgezogen und in die Regierung eingebunden wurden; sie bleiben damit unter der Kontrolle und Aufsicht Putins. Nur wenn Putin diese Kader kontrolliert, kann er verhindern, dass sie den Kurs des neuen Präsidenten obstruieren. Gleichzeitig wurden die Reihen der *siloviki* erheblich geschwächt. Zwar ist mit Igor Sečin der Anführer der Falken in die Regierung und damit erstmals in ein öffentliches Amt aufgerückt. Mit der Absetzung von Viktor Ivanov, dem früheren Kanzleichef Putins, und von Justizminister Ustinov sowie mit der Ablöse von Nikolaj Patrušev als Leiter des Inlandsgeheimdienstes FSB wurden drei radikale Akteure neutralisiert. Zwar erhielten sie alle neue Funktionen, ihr Einfluss ist nun aber erheblich geringer. Mit Justizminister Konovalov, Wirtschaftsministerin Nabiullina, Finanzminister Kudrin und dem Ersten stv. Regierungschef Šuvalov hat Medvedev auch erheblichen Rückhalt in der Regierung. Auch der neue Leiter des Inlandsgeheimdienstes Bortnikov hat ein konstruktives Verhältnis zu Medvedev.

Derzeit ist es noch zu früh, zu entscheiden, welches der drei skizzierten Szenarien für das Duumvirat Putin–Medvedev tatsächlich eintreten könnte. Die Bande zwischen Putin und Medvedev sind eng – gewachsen durch lange Jahre der verlässlichen Zusammenarbeit, aber nicht der persönlichen Freundschaft. Es kann nicht überraschen, dass Putin in diesem Verhältnis noch immer dominiert. Die starke öffentliche Präsenz Putins – mehr als dies bisher für Ministerpräsidenten üblich gewesen war – ist aber noch kein Indiz für Putins Begehren, ins Präsidentenamt zurückzukehren.

Die Finanzkrise. Ein Phönix im Abwind?

Die russländische Volkswirtschaft wurde durch die Finanzkrise stark getroffen. Der Kapitalabfluss ab Juli 2008 war äußerst stark, der Bankenmarkt war mit einer drastischen Liquiditätskrise konfrontiert und die im Ausland hoch verschuldeten Großunternehmen waren starkem Druck der Gläubiger ausgesetzt. Der russländische Rubel kam unter starken Abwertungsdruck, allein im September und Oktober 2008 musste die Zentralbank 57,5 Mrd. USD zur Stützung der Währung aufwenden.

Die vielen Ursachen der russländischen Krise

Russland war aber mit einer Doppelkrise konfrontiert. Zur Finanzkrise, die immer stärker auf die Realwirtschaft durchzuschlagen begann, kam aufgrund der stark fallenden Preise für diese Rohstoffe ein starker Einnahmerückgang aus dem Export von Rohöl und, zeitversetzt, auch Erdgas (dessen Preis in den langfristigen Lieferverträgen mit westeuropäischen Abnehmern über eine Preisformel an den Ölpreis gebunden ist) sowie vieler metallurgischer Produkte. Der Staatshaushalt für 2008 war von einem durchschnittlichen Rohölpreis von 75 USD/Barrel ausgegangen, das Budget für 2009 von 95 USD. Im Dezember 2008 war der Preis für die russländische Rohölmarke »Ural« auf 32 USD/Barrel abgesunken. Aufgrund des anhaltenden globalen Nachfragerückgangs für Rohöl ist auch 2009 mit niedrigen Rohölpreisen zu rechnen. Dadurch sinken nicht nur Devisenzufuhr und Einnahmen für den staatlichen Reservefonds, es gehen auch die Budgeteinnahmen aus Fördersteuern und Exportzöllen auf Energieträger zurück.

Die immensen Einnahmen aus dem Öl- und Gasexport waren für die makroökonomische Entwicklung damit auch schädlich. Dringend notwendige wirtschaftliche Reformen, eine diversifizierende und innovative Industriepolitik, die Reform der kommunalen Dienstleistungen, die Steigerung der Produktivität wurden immer stärker vernachlässigt, weil es keinen Reformdruck gab. Das Risiko externer Schocks durch Preisvolatilität auf den internationalen Rohstoffmärkten ist damit weiterhin sehr hoch.

Auch das allgemeine Steueraufkommen geht aufgrund der wirtschaftlichen Krise zurück. Zur Stützung der russländischen Unternehmen wurde zudem die Körperschaftssteuer per Januar 2009 um 4 Prozent auf 20 Prozent abgesenkt. Dadurch sind Mindereinahmen für den Staatshaushalt von annähernd 15 Mrd. USD zu erwarten. Die Regierung hat sich im November 2008 daher entschieden, auf die Mittel des Reservefonds zurückzugreifen, um die Budgetlage zu stabilisieren. Dennoch wird für 2009 ein Budgetdefizit von zumindest 5 Prozent des BIP erwartet.

Die Regierung war auch gezwungen, die Hartwährungsreserven der Zentralbank zur Stützung des Rubels, zur Sicherung der Liquidität im Bankensektor und zum Ankauf von Aktien hoch bewerteter Unternehmer (*blue chip*) zu nutzen. Allein von September bis November 2008 hat die Zentralbank 185 Mrd. USD zur Stützung des Bankensektors eingesetzt. Der Rubel hat vor allem gegenüber dem USD, aber auch gegenüber dem Euro, an Wert verloren. Die russländische Zentralbank war bislang dem Konzept des »*managed floating*« gefolgt; dies bedeutet, dass sich der Wert der eigenen Währung gegenüber einem Korb ausländischer Währungen nur innerhalb einer bestimmten Bandbreite bewegen kann. Der Währungskorb besteht aus USD (55 Prozent) und Euro (45 Prozent). Angesichts des hohen Kapitalabflusses seit Juli 2008 und dem steigenden Inflationsdruck hat sich die Zentralbank entschieden, den Währungskorridor schrittweise auszuweiten, was zu einer langsamen Abwertung des Rubel führte. Experten halten eine Abwertung des Rubel um bis zu 25 Prozent bis Ende 2009 für möglich.

Die Regierung war entschlossen, eine Schockabwertung wie 1992 und 1998 zu verhindern. Die Rubelabwertung würde zwar grundsätzlich die Wettbewerbsfähigkeit russländischer Exporte erhöhen; gleichzeitig aber würden darunter viele russländische Unternehmen leiden, die hohe Hartwährungskredite aufgenommen hatten.

Über die Entwicklungsbank VEB (*Vnešekonombank*) wurden privaten Unternehmen Kredite zur Refinanzierung ihrer Auslandschulden bereitgestellt. Ihre Verschuldung (auch die vieler staatlicher Unternehmen) war in den vergangenen Jahren drastisch angewachsen und erreichte im Juli 2008 510 Mrd. USD. Zusammen mit den souveränen Hartwährungsschulden droht die Auslandsverschuldung die Hartwährungsreserven zu übersteigen, weswegen Russland 2008 erstmals seit 1998 wieder ein Zahlungsbilanzdefizit aufweisen könnte. Viele Unternehmenskredite wurden durch Aktienanteile an russländischen Unternehmen abgesichert. Durch den drastischen Kursverfall an den russländischen Börsen RTS und MICEX (der Aktienindex ist zwischen Juni und November 2008 um 64,5 Prozent gefallen) aber nahm der Wert der Sicherstellungen drastisch ab und die Gläubiger verlangten zusätzliche Sicherstellungen oder Kreditrefinanzierungen. Allein die Aluminiumholding *RusAl* von Oleg Deripaska erhielt von der Außenwirtschaftsbank 4,2 Mrd. USD an Überbrückungshilfe.

Lange Zeit versuchte die russländische Führung, die Finanzkrise herunterzuspielen; die staatlich kontrollierten Medien berichteten kaum darüber. Im Spätherbst 2008 aber begann die Finanzkrise auf die Realwirtschaft durchzuschlagen, vor allem auf die Bauindustrie. Das Wirtschaftswachstum ist eingebrochen. Im ersten Halbjahr 2008 war das BIP Russlands noch um 8,2 Prozent gewachsen; die Gesamtjahresprognose wurde auf 6,2 Prozent gesenkt. Das russländische Wirtschaftsministerium hält für 2009 ein Wachstum des BIP von 2,4 Prozent für wahrscheinlich, schließt aber auch einen Rückgang um bis zu 0,5 Prozent nicht aus. Die Wachstumsraten der Industrieproduktion sind stark abgefallen, die Arbeitslosenrate wächst, das Volumen ausstehender Lohnzahlungen nimmt zu. Der private Konsum – in den letzten Jahren ein wesentlicher Faktor für das wirtschaftliche Wachstum – droht einzubrechen.

Die Bevölkerung beobachtete die Krise mit wachsender Unruhe; die Angst vor einer neuen Währungskrise stieg und die Erinnerungen an den Währungsverfall und die Inflation der Jahre 1992 und 1998 kehrte zurück. Zwar ist der hypothekenfinanzierte Wohnungsbau in Russland noch nicht sehr entwickelt, doch sind viele Bürger durch die steigenden Kreditzinsen erheblich unter Druck geraten.

Die Regierung hat sich entschieden, unter Rückgriff auf Mittel des Reservefonds eine nachfrageorientierte Ausgabenpolitik zu finanzieren. Die Regierung hält an den langfristigen Investitionsprogrammen in den Bereichen Gesundheit, Bildung, Wohnungsbau und Landwirtschaft fest.

Gleichzeitig sollen Mittel des Reservefonds eingesetzt werden, um die budgetären Auswirkungen sinkender Steuereinnahmen und Einnahmenausfälle durch diskutierte Steuersenkungen abzufedern. Die Regierung hat zudem auch deutlich gemacht, dass sie die sozialen Ausgaben nicht kürzen werde: Die Zahlungen an Arbeitslose werden Anfang 2009 deutlich angehoben; auch die Pensionen sollen inflationsdeckend erhöht werden.

Die wirtschaftliche und finanzielle Entwicklung der letzten Monate hat gezeigt, wie anfällig Russland für externe Schocks ist – vor allem im Bereich der Weltmarktpreise für seine Exportgüter im Rohstoffsektor. Es wurde auch offensichtlich, welche Versäumnisse es gab, um die wirtschaftliche Struktur Russlands zu modernisieren und zu diversifizieren. Die meisten Experten aber meinen, Russland werde die Folgen der wirtschaftspolitischen Fehler in der zweiten Amtszeit Vladimir Putins durch die enormen finanziellen Rücklagen auffangen können.

Machtpositionen und Konflikherde

Die letzten Abschnitte dieses Buches sind drei Bereichen gewidmet, in denen das erstarkte Russland zuletzt markante Akzente gesetzt und darüber den (offenen) Konflikt mit der USA und Mitgliedsstaaten der EU gesucht hat.
Zunächst der Öl- und Gassektor Russlands: Er ist gleichsam die essenzielle Grundlage eines wirtschaftlich abgestützten Geltungsanspruches und die Bedeutung Russlands als Energieversorger der EU wurde gerade im Zuge der Gaskrise zu Beginn des Jahres 2009 wieder unübersehbar.
An dieses Kapitel schließt sich eine Analyse der in der russländischen Führung diskutierten militärischen Reaktionen auf das Vorhaben der USA, im östlichen Europa BMD-Komponenten zu stationieren.
Zum Schluss folgt eine Diskussion der Frage, wie sich der georgisch-russländische Krieg im August 2008 auf die russländischen Beziehungen zur EU und zur USA auswirken wird.

Energiewirtschaft und Energiepolitik

»Russia is using its energy resources as a tool of blackmail and intimidation.« Dies meinte der frühere Vizepräsident der USA Cheney in einer Rede in Vilnius im Mai 2006. Diese Äußerung bezog sich auf die Ereignisse der frühen Januartage 2006, als sich – so meinten die meisten Beobachter – ein »russländisch-ukrainischer Gaskrieg« ereignet hätte; diese hätten auch deutlich gemacht, wie sehr die Versorgung der Europäischen Union mit fossilen Brennstoffen, allen voran mit Erdgas, verwundbar sei. In der Gasversorgung sei die besonders hohe Importabhängigkeit von Russland besorgniserregend; vor allem deswegen, weil Russland seine Energieexporte nicht nur als wirtschaftliches, sondern auch als politisches Instrument nütze. Wie berechtigt sind diese Bedenken?

Der russländisch-ukrainische Gasstreit

Zunächst zum russländisch-ukrainischen Gasstreit 2005/2006. Die staatlich kontrollierte *Gazprom* hat mit 1.1.2006 das Gasvolumen, das an der russländisch-ukrainischen Grenze in das Leitungsnetz der Ukraine eingespeist wird, reduziert – und zwar um das Volumen an Gas, das die Ukraine bis dahin bezogen hatte; nicht unterbrochen aber wurden die vertraglich vereinbarten Gaslieferungen an die Mitgliedsstaaten der EU. Grund dafür, dass die Liefermengen bei den Abnehmern in der EU nicht ankamen, war die illegale Gasentnahme durch die ukrainische staatliche Gasfirma *Naftogaz Ukrainy*. Gas, das von EU-Staaten bezahlt worden war, wurde in der Ukraine konsumiert.

Der Streit zwischen Russland und der Ukraine hatte sich an der Höhe des Gaspreises entfacht: Die Ukraine war nicht bereit gewesen, einer deutlichen Erhöhung des Gaspreises, der seit vielen Jahren bei 50 USD/tcm (tausend m^3) gelegen war, zuzustimmen; *Gazprom* forderte eine deutliche Anhebung und drohte damit, ab 1.1.2006 234 USD/tcm – den damaligen durchschnittlichen Marktpreis für EU-Abnehmer – zu verrechnen, wenn sich die beiden Seiten nicht auf einen neuen Vertrag einigen könnten. *Gazprom* forderte die Erhöhung, weil der Gaspreis, den die Ukraine entrichtete, in den vorangegangenen Jahren relativ zu den EU-Preisen drastisch gesunken war. Während die Abnahmepreise für EU-Staaten deutlich gestiegen waren, blieb der Gaspreis für die Ukraine viele Jahren nominal derselbe.

Außerdem hatte sich *Gazprom* vertraglich verpflichtet, die Transitgebühren an die Ukraine für die Durchleitung des russländischen Erdgases in die EU nicht in Geld, sondern in Gas zu bezahlen. Dies bedeutete einen zusätzlichen Einnahmenverlust für *Gazprom*. Die Abgeltung der festgelegten Transittarife durch *Gazprom* wurde auf der Basis des niedrigen Gaspreises der Ukraine abgewickelt; für dieselbe Menge Gas hätte *Gazprom* auf dem EU-Markt aber erheblich mehr verdienen können.

Dazu kam, dass die Ukraine in den Jahren zuvor immer wieder illegal Gas aus den Transitleitungen entnommen hatte. Auch die angehäuften Schulden für russländisches Gas wurden nicht bezahlt oder deren Höhe bestritten.

Der Erdgasverbrauch der Ukraine lag zur damaligen Zeit

bei 81 Mrd. m³, 74 Prozent davon mussten importiert werden; zum einen handelte es sich dabei um russländisches Erdgas, zum anderen um turkmenisches Erdgas, das aber über das russländische Leitungsnetz in die Ukraine transportiert wurde. Die Energieeffizienz in der Ukraine ist sehr gering. Investitionen zur Senkung des Erdgasverbrauches waren unterblieben, weil der Gaspreis niedrig war.

In den Verhandlungen 2005 konnten sich *Gazprom* und *Naftogaz Ukrainy* nicht auf einen Liefervertrag einigen; daher setzte *Gazprom* die Lieferungen mit der Jahreswende aus. Die ukrainische Führung beschuldigte Russland daraufhin, das Land abzustrafen, weil es sich mit der »orangenen Revolution« im Dezember 2004 aus der russländischen Umklammerung befreit habe.

Der Streit wiederholte sich zur Jahreswende 2008/2009. Die Verhandlungen zwischen *Gazprom* und *Naftogaz Ukrainy* über einen neuen Liefervertrag waren lange durch die Weigerung der ukrainischen Seite, die angefallenen Gasschulden von mehr als 2 Mrd. USD zu begleichen, blockiert. Am letzten Verhandlungstag wurden von *Naftogaz* zwar die offenen Gaszahlungen getätigt, nicht aber die von *Gazprom* geforderten Säumniszuschläge. Am 31. Dezember 2008 wurden die Verhandlungen abgebrochen, weil die Ukraine sich weigerte, den von *Gazprom* geforderten Preis von 250 USD pro 1000 m³ zu bezahlen; *Gazprom* stellte die Gaslieferungen am Neujahrstag ein. Wie schon 2006 erreichte die europäischen Staaten weniger Gas als vertraglich zugesichert; erneut beschuldigte *Gazprom* die ukrainische Regierung, Gas illegal aus den Leitungen zu entnehmen. *Gazprom* entschied sich daraufhin, am 7. Januar 2009 den Erdgasexport völlig einzustellen. Die Eskalation durch Russland zielte darauf ab, die EU zu zwingen, sich in den

Konflikt einzuschalten. Die Vermittlungsbemühungen der EU blieben aber erfolglos. Erst am 18. Januar 2009 wurde in direkten Verhandlungen zwischen Vladimir Putin und der ukrainischen Ministerpräsidentin Timošenko ein Durchbruch erzielt: Der Ukraine ist es gelungen, die von Russland geforderte Entkoppelung des Gastransits in die EU über das ukrainische Leitungsnetz von den bilateralen Gasgeschäften zwischen der Ukraine und Russland abzublocken und eine Lösung beider Fragen zu erzwingen. Anders als die bislang jährlich zu erneuernden Gasverträge beträgt die Geltungsdauer des neuen Abkommens zehn Jahre. Die Ukraine wird ab 2010 die gleichen Preise für Erdgas bezahlen wie EU-Konsumenten; lediglich für 2009 wird ein Abschlag von 20 Prozent eingeräumt. Auch die Transitgebühren, die *Gazprom* für die Durchleitung seines Gases durch das ukrainische Leitungsnetz entrichtet, werden ab 2010 den Gebühren im EU-Raum angeglichen. Der Vorteil dieser Regelung liegt darin, dass der bilaterale Gashandel nunmehr indirekt auf der Grundlage einer definierten Preisformel abgewickelt wird, wie sie für EU-Abnehmer gilt. Es wird sich allerdings erst zeigen, wie belastbar diese Einigung sein wird.

Das russländische Verhalten wurde von der EU 2006 ausschließlich als politisch motiviert angesehen; Überlegungen, ob dem nicht auch geschäftliche Interessen zugrunde lagen, blieben weitgehend aus. Diskutiert wurde auch nur die Verlässlichkeit Russlands als Lieferland, aber nicht auch die Verlässlichkeit der Ukraine als Transitland. Im Gasstreit 2009 war die Einschätzung bereits wesentlich differenzierter. Trotzdem hat sich die Debatte über die Gefährdung der Energiesicherheit der EU durch die hohe Abhängigkeit von russländischen Öl- und Gaslieferungen verschärft. Lassen sich diese Bedenken durch sachliche Argumente untermauern?

Öl- und Gaslieferungen in die EU

Der Anteil von Erdgas am Primärenergieaufkommen (TPES – *Total Primary Energy Supply*) der Europäischen Union lag 2007 bei 24,9 Prozent, jener von Erdöl(-derivaten) bei 40,4 Prozent. Der Anteil der Kohle lag im selben Zeitraum bei 18,2 Prozent; die Nuklearenergie steuerte 12,1 und die erneuerbaren Energien 4,4 Prozent zum TPES bei. Der Erdgasanteil am TPES in Deutschland lag bei 14,8, in Österreich bei 25,2 Prozent.

Russland bedient derzeit 24,2 Prozent des Gaskonsums und 26,4 Prozent des Rohölkonsums der EU-27. 62,3 Prozent des Erdgaskonsums der EU-27 müssen derzeit importiert werden.

Der Anteil Russlands am Erdgasaufkommen (definiert als die Summe der einheimischen Produktion und der Importe) der Mitgliedsstaaten der EU ist aber sehr unterschiedlich: In Finnland, Estland, Lettland, Litauen und in der Slowakei stellt Russland das gesamte Erdgasaufkommen; in Bulgarien 94, in Griechenland 74 und in Tschechien 73 Prozent. In Österreich liegt der Anteil russländischen Erdgases am gesamten Erdgasaufkommen bei 41, in Deutschland bei 37 Prozent. Spanien und Portugal wiederum beziehen kein Erdgas aus Russland.

Die weiteren wichtigen Gasversorger der EU sind Norwegen (18 Prozent des EU-27 Gaskonsums) und Algerien (10,1 Prozent). Die EU-27 importierten im Jahr 2007 62,3 ihres Erdgas*konsums*; annähernd 41 Prozent der Erdgas-

importe der EU stammen aus Russland. Gemessen am Importvolumen sind die wichtigsten Importeure russländischer Energieträger Deutschland, Frankreich und Italien; die relativen Abhängigkeiten dieser Staaten von russländischen Energieträgern sind aber deutlich geringer als in den meisten der ost- und zentraleuropäischen Mitgliedstaaten der EU – allen voran Estland, Lettland, Litauen, Bulgarien, Rumänien, Österreich und Slowakei.

Es ist aber von zentraler Bedeutung, hervorzuheben, dass Russland auch davon abhängt, die EU-27 als Exportmarkt zu bedienen. Russland exportiert Erdgas nur in die EU-27, den Westbalkan, die Türkei und viele der postsowjetischen Staaten. Das hängt mit dem Umstand zusammen, dass alle derzeitigen Erdgasexportleitungen Russlands ausschließlich nach Westen verlaufen. Aus technischen und finanziellen Gründen ist der pipelinegebundene Transport von Erdgas über eine Strecke von mehr als 5000 km nicht rentabel. Die derzeit genutzten Gasfelder Russlands orientieren sich daher auf den Markt der EU, zumindest so lange, als die russländischen Gasexporte ausschließlich pipelinegebunden sind. Russland hat bislang keine Erfahrung im Export von Flüssiggas (Liquefied Natural Gas, LNG). Flüssiggas wird durch das Abkühlen von Erdgas auf minus 160 Grad Celsius erzeugt und kann dann auf LNG-Tankern global transportiert werden. In den Abnehmerländern wird das LNG in Regasifizierungsanlagen wieder in Gas umgewandelt, über Pipelines weitertransportiert oder aber in direkter Nähe zum Terminal in Kraftwerken zur Strom- oder Wärmegewinnung genutzt.

Russland kann seine Exportkunden derzeit nicht diversifizieren. 72,78 Prozent des russländischen Erdgasexports gehen in die EU-27 (63,4 Prozent) und die Türkei (9,3 Prozent). Angesichts fehlender ostwärts führender Gasleitungen (und bislang fehlender LNG-Förderung) zeigt sich daran die erhebliche Abhängigkeit Russlands vom Zugang zu den Gasmärkten der EU. Es ist daher völlig unzutreffend, im Gassektor von einer asymmetrischen Abhängigkeit der EU von Russland auszugehen; vielmehr sind deutlich *wechselseitige* Abhängigkeiten und komplementäre Interessen erkennbar.

Der Importbedarf der Europäischen Union im Gas- und Rohölsektor wird bis 2030 (deutlich) steigen. Die Gründe dafür sind erhebliche Nachfragesteigerungen v. a. im Gassektor (kaum aber im Ölbereich), aber auch deutliche Produktionsrückgänge in der Gas- und Rohölförderung der Staaten der EU. In den letzten 20 Jahren hat der Erdgaskonsum in der EU um 54 Prozent zugenommen. Der Erdgasverbrauch wird bis 2030 von 481 Mrd. m³ (2007) in einem Referenzszenario auf zumindest 720 Mrd. m³ steigen. Innerhalb der EU wird die britische Erdgasförderung in den kommenden Jahren weiter deutlich sinken, auch die Erdgasförderung der Niederlande ist – wenn auch nur graduell – rückläufig. Lediglich in Norwegen ist die Erdgasförderung stark ansteigend: Mit 87,9 bcm (Mrd. m³) ist Norwegen mittlerweile der größte europäische Gasproduzent.

In 20 Jahren wird die EU – abhängig von der Preisentwicklung der Energieträger und von Maßnahmen der Energieeffizienz und der Energieeinsparung –, 90 Prozent ihres Rohölbedarfs und 80 Prozent ihres Gasbedarfes importieren müssen.

Angesichts steigender Gasnachfrage und sinkender eigener Produktion wird der Importbedarf erheblich größer; die möglichst breite Streuung von Lieferländern und

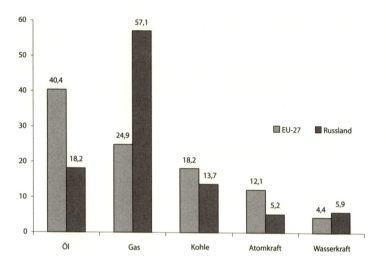

Grafik 16: Fuel Mix der EU und Russlands 2007

Lieferrouten ist dabei notwendig, um in diesem sensiblen Versorgungsbereich nicht zu stark von einem Anbieter abhängig zu werden. Die Debatte der letzten Jahre zeigt, dass Russland schon heute als zu dominanter Gasversorger der EU empfunden wird; mehr noch, es wird erwartet, dass der Anteil Russlands am Gaskonsum der EU noch deutlich zunehmen wird. Wie berechtigt ist diese Annahme?

Russland hält mit 26,4 Prozent die höchsten gesicherten Reserven an Erdgas – annähernd 44,7 Billionen m³. Qatar und Iran halten 16,1 bzw. 15,3 Prozent der globalen Erdgasreserven. Der Anteil von Erdgas am Primärenergieaufkommen Russlands ist außerordentlich hoch. 57,1 Prozent des TPES sind Erdgas – mehr als doppelt so viel wie in der EU; der Anteil der anderen fossilen Brennstoffe – Öl und Kohle – ist deutlich niedriger als in der EU. Auch der Anteil der

Nuklearenergie ist niedriger, die erneuerbaren Energien hingegen haben in Russland eine größere Bedeutung als in der EU. 1982 hatte sich die Führung der UdSSR für eine »Gaspause« entschieden; für einen überschaubaren Zeitraum sollte der Anteil von Kohle und Nuklearenergie bei der Wärme- und Stromgewinnung durch vermehrte Nutzung von Erdgas verringert werden.

Energie für den russländischen Eigenbedarf

Der hohe Anteil von Gas am TPES und die Höhe des Eigenverbrauches sind aber vor allem auf die niedrigen Erdgaspreise für industrielle Abnehmer und private Haushalte zurückzuführen. Während innerhalb der EU 2008 durchschnittlich mehr als 430 USD/tcm zu bezahlen waren, liegt der Gaspreis in Russland bei 65 USD/tcm. Bis 2011 sind in Russland aber erhebliche Preissteigerungen für Gas vorgesehen – zunächst für industrielle Abnehmer, dann aber auch für private Haushalte. Daraus sollen Anreize entstehen, in höhere Energieeffizienz zu investieren und alternative Energieträger – Kohle und Kernenergie – zur Wärme- und Stromgewinnung zu nutzen. Die russländische Regierung hat das ambitionierte Ziel vorgegeben, den Anteil der Atomenergie am russländischen Elektrizitätsaufkommen von derzeit 16 Prozent auf 25 Prozent im Jahr 2030 anzuheben. Dies ist ein immenses Investitionsvorhaben, das aber angesichts der massiven Finanzmarktkrise in Russland als unsicher gelten kann.

Erdgas wird in Russland von der staatlich kontrollierten *Gazprom* und den beiden privaten Unternehmen *Itera* und *Novatek* gefördert. Der Anteil von *Gazprom* an der Förde-

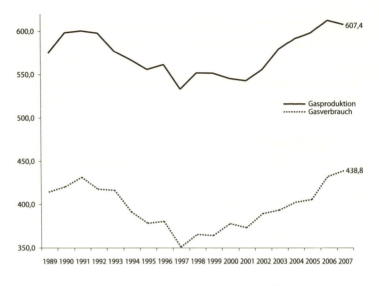

Quelle: Statistical Review of World Energy 2008

Grafik 17: Erdgasproduktion und -verbrauch in Russland 1988–2007

rung lag 2008 bei 83 Prozent. *Novatek* und *Itera* dürfen ihr Erdgas nur auf dem heimischen Markt verkaufen; dabei müssen diese Firmen das Leitungsnetz von *Gazprom* nutzen, denn alle Gaspipelines auf russländischem Territorium sind in deren Eigentum. Nur *Gazprom* ist es gesetzlich erlaubt, Erdgas zu exportieren; zuerst aber muss *Gazprom* den russländischen Binnenmarkt versorgen; annähernd 64 Prozent der gesamten Erdgasförderung *Gazproms* werden derzeit dafür bereitgestellt.

Die Erdgasproduktion in Russland lag 2007 bei 607,4 bcm. Seit 2000 ist die Förderung angestiegen, ab 2007 aber leicht gesunken. Auch der Erdgaskonsum ist in den letzten Jahren stark angestiegen und lag 2007 bei 438,8 bcm. Die

Internationale Energieagentur (IEA) der OECD in Paris erwartet bis 2030 einen Anstieg der russländischen Gasproduktion auf 794 bcm. Der Anstieg wird mit dem Wachstum des Erdgaskonsums in der EU annähernd parallel verlaufen. Der russländische Binnenkonsum wird nach Ansicht der IEA aber ab 2015 deutlich abflachen, dadurch würde das Exportvolumen im russländischen Gassektor deutlich ansteigen. Im Jahr 2000 erreichte der Binnenkonsum an Erdgas in Russland noch 67,8 Prozent, für 2030 erwartet die IEA nur mehr einen Wert von 66 Prozent (angesichts des hohen Binnenkonsums entspricht dieser prozentuell nicht so hoch erscheinende Wert einer Reduktion von 3,8 Mrd. m³ – das sind 40 Prozent des österreichischen Jahresbedarfs).

Die Regierung hat mehrere Maßnahmen eingeleitet, um den Gas-Binnenkonsum zu senken. Dazu gehören Maßnahmen wie die Reduzierung des Energiebedarfs, die Steigerung der Energieeffizienz, die verstärkte Nutzung von Steinkohle und nuklearer Energie, aber auch radikale Maßnahmen gegen das Abfackeln (*gas flaring*) von Gas, das bei der Erdölgewinnung anfällt (*associated gas*).

Erdgas im Wert von mehreren Milliarden USD wird derzeit jährlich verfeuert, weil es nicht in Gasleitungen eingespeist oder in Gaskraftwerken verfeuert werden kann.

Die Zukunft

Das Kernproblem der russländischen Gaswirtschaft aber ist die rückläufige Produktion in den bisherigen Förderregionen, den riesigen Gaslagerstätten (*super giant fields*) im nordwestlichen Sibirien – der Nadyr-Pur-Taz-Region.

Dazu gehören die klassischen Gasfelder Jamburg und Urengoj. Der Erschöpfungsgrad dieser Felder ist bereits hoch, d.h. die Förderhöchstleistung wurde bereits erreicht, die Reduktion des Fördervolumens ist unvermeidbar. Die Fördermenge in dieser Region wird von 480 bcm im Jahr 2007 auf 175 bcm im Jahr 2030 zurückgehen. Die wichtigste Förderstätte dieser Region ist das Zapoljarnoje-Gasfeld.

Die Erschließung neuer Gasfelder ist daher das vordringlichste Ziel für *Gazprom*. Die neuen Gasförderregionen sind die on-shore- und off-shore-Vorkommen der Halbinsel Jamal sowie die Gaslagerstätten der Barents-See und der Kara-See. Im Endausbau wird auf der Jamal-Halbinsel ein Fördervolumen von 250 bcm/Jahr erwartet. Derzeit aber ist nur eine Gasförderstätte in Betrieb – das Feld Bovanovskoje. Die Erdgasförderung in diesen Regionen ist technisch äußerst schwierig und sehr kostenintensiv. Dies gilt umso mehr für die off-shore-Felder im Schelf der Barents- und der Kara-See sowie der Jamal-Halbinsel. Die Erschließung dieser Felder erfordert außerordentlich hohe finanzielle Investitionen und technologische Expertise. Dazu ist auch die Zusammenarbeit mit ausländischen Unternehmen erforderlich – vor allem für den Zugang *Gazproms* zu Erfahrungen in der off-shore-Produktion. Der norwegische Konzern *StatoilHydro* kann in dieser Hinsicht auf weltweit einzigartige Erfahrung verweisen.

Gazprom wird in den nächsten Jahren aber auch erhebliche finanzielle Mittel in die Wartung und Modernisierung der bestehenden Pipelineinfrastruktur investieren müssen. Das Investitionsvolumen von *Gazprom* für 2009 ist mit 33 Mrd. USD angesetzt; aufgrund der derzeitigen Liquiditätskrise auf dem Finanzmarkt muss *Gazprom* dafür auch auf staatliche Kredite zurückgreifen.

Angesichts der derzeit stagnierenden Gasförderung und des anhaltend hohen Binnenkonsums an Erdgas ist Russland auf die Zulieferung von Erdgas aus den zentralasiatischen Staaten Turkmenistan und Uzbekistan angewiesen. Ohne diese Zukäufe wäre *Gazprom* nicht in der Lage, die Lieferverträge mit den Mitgliedsstaaten der EU zu erfüllen. Der Zugriff auf das zentralasiatische Gas ist aber nur so lange sicher, als diese Staaten nicht über alternative Exportrouten verfügen. Dies gilt vor allem für Turkmenistan, das zentralasiatische Land mit den höchsten gesicherten Gasreserven.

Aufgrund des niedrigen Preisniveaus auf dem Binnenmarkt ist *Gazprom* daran interessiert, den Anteil des für den Export verfügbaren Gases zu erhöhen. Die finanziell ertragreichsten Absatzmärkte sind die Mitgliedsstaaten der Europäischen Union. *Gazprom* hat mit diesen Kunden langfristige Lieferverträge abgeschlossen, in denen das Liefervolumen festgelegt ist. Sollte der Bedarf des Vertragspartners absinken, ist dennoch der Preis für das vereinbarte Volumen zu entrichten. Der Verkaufspreis für das Gas ist aber nicht starr, sondern wird nach einer Preisformel, die sich an einem Korb von Ölprodukten orientiert, berechnet. Dies bedeutet ein Ansteigen der Gaspreise bei steigenden Rohölpreisen, aber auch einen Preisverfall, wenn die Preise für Öl- und Ölprodukte sinken. Der Gaspreis wird dabei mit einer zeitlichen Verzögerung von 3–9 Monaten angepasst.

Derzeit kann *Gazprom* aber nur ca. 34 Prozent seines geförderten Gases exportieren – derzeit ausschließlich in die EU-27, die Türkei, Serbien, Belarus, Ukraine, Moldova, Georgien, Armenien und Azerbaijan. Die Preise, die *Gazprom* in den EU-Staaten erzielen kann, sind dabei deutlich höher als in den Staaten der ehemaligen UdSSR, diese Märkte sind für *Gazprom* daher wenig lukrativ. 2006 lieferte *Gazprom* 101 Mrd. m³ Erdgas an diese Märkte und erzielte dafür 6 Mrd. USD an Einnahmen; im selben Jahr exportierte *Gazprom* mehr als 150 Mrd. m³ Erdgas in die EU-27 und erhielt dafür 37 Mrd. USD.

Das Gasleitungsnetz von *Gazprom* führt derzeit nur über Transitländer in den Raum der Europäischen Union. Bis 1999 konnte *Gazprom* sein Gas nur über das ukrainische Leitungsnetz exportieren; seit damals wird Erdgas auch über die Jamal-Pipeline über Belarus und Polen nach Deutschland transportiert. 2003 schließlich wurde die Leitung *Blue Stream* in Betrieb genommen; diese Leitung führt auf dem Boden des Schwarzen Meeres an die türkische Schwarzmeerküste; die technische Durchführung wurde von *Gazprom* an das italienische Gasunternehmen ENI übertragen. Aber noch immer werden 78 Prozent der russländischen Gasexporte über das ukrainische Leitungsnetz geführt.

Als Gegenleistung für die (relativ) niedrigen Gastarife drängte *Gazprom* Belarus und die Ukraine, Eigentumsanteile an deren Gasverteilernetz und an den Exportpipelines an *Gazprom* zu veräußern. Im Falle von Belarus hat *Gazprom* den Verkauf eines Mehrheitsanteils am Unternehmen *Beltransgaz*, das das lokale Gasnetzwerk in Belarus besitzt, für 2,5 Mrd. USD an *Gazprom* erzwungen. Die Gasleitung Jamal befördert derzeit 16,3 Prozent des russländischen Gasexports in die EU-27 und ist ganz im Besitz von *Gazprom*. Die Ukraine hat sich bisher aber strikt geweigert, ihr Gasleitungsnetz, über das derzeit 78,4 Prozent des russländischen Gasexports in die EU-27 abgewickelt werden, an *Gazprom* zu verkaufen.

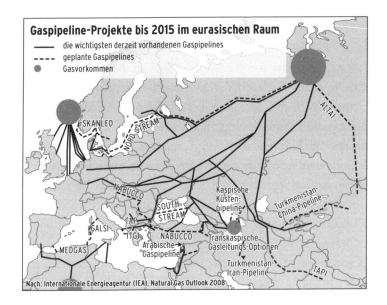

Grafik 18: Gaspipeline-Projekte bis 2015

Gazprom ist daher interessiert, sein Exportleitungsnetz weiter zu diversifizieren. Die zentralen Vorhaben dafür sind die Leitungen *Nord Stream* und *South Stream*. *Nord Stream* ist eine Gasleitung, die von Vyborg – nahe Sankt Petersburg – auf dem Boden der Ostsee nach Greifswald in Deutschland geführt werden soll. Im Endausbau, der derzeit für 2012 anvisiert ist, soll das Transportvolumen 55 bcm betragen. Das Projekt wird von *Gazprom* zusammen mit den deutschen Unternehmen BASF/*Wintershall* und E.On sowie der niederländischen *Gasunie* getragen. Estland, Lettland und Polen, unterstützt von der schwedischen Regierung (und Finnland), blockieren das Vorhaben – unter Verweis auf ökologische Bedenken und militärische Sicherheitsrisiken.

Über *Nord Stream* soll auch Erdgas des Štokman Gasfeldes in der Barentssee in die EU transportiert werden. Dieses Gasvorkommen zu erschließen ist ein sehr kostenintensives und technisch kompliziertes Vorhaben von *Gazprom*, in das die französische *Total* und die norwegische *StatoilHydro* eingebunden sind – allerdings nicht als Miteigentümer des Feldes, sondern nur der Betreibergesellschaft. Es wäre dies die erste off-shore-Förderung *Gazproms*. Möglicherweise wird Gas dieses Feldes auch als LNG verkauft werden – dann allerdings nicht nur an die EU, sondern auch an nordamerikanische Käufer.

Mit South Stream möchte *Gazprom* eine »Südumgehung« des ukrainischen Transitweges errichten. Das Projekt wird von *Gazprom* mit der italienischen ENI vorangetrieben, die Kosten werden derzeit mit 19,5 Mrd. USD beziffert. Die Gasleitung wird von Beregovoj an der russländischen Schwarzmeerküste auf dem Seeboden des Schwarzen Meeres zum bulgarischen Varna geführt werden. Die Leitung wird in einer Meerestiefe bis zu 2000 m über eine Strecke von mehr als 900 km geführt. Mit der Errichtung ist ENI betraut, die über die erforderliche technische Expertise für dieses Bauvorhaben verfügt.

In Varna wird sich South Stream in eine südliche Route über Griechenland nach Süditalien und in eine nördliche Trasse über Serbien und Ungarn nach Österreich (sehr unwahrscheinlich auch nach Slowenien) verzweigen.

South Stream konkurriert mit dem Nabucco-Pipeline-Projekt. Dieses Vorhaben wird seit 2002 von einem Konsortium unter der Führung der OMV betrieben; die anderen Mitglieder sind die deutsche RWE, die ungarischen MOL, die rumänische *Transgaz*, die *Bulgargaz* und das türkische Gasunternehmen *Botas*. Über die Nabucco-Pipeline, die als Trans European Network-Projekt der Europäischen Union eingestuft ist, sollen im Endausbau, der derzeit für 2019 anvisiert ist, 31 bcm an Erdgas bis nach Baumgarten in Österreich transportiert werden.

Russländische Interessen am Erdgas anderer Länder

Nabucco wird zunächst auf azerbaijanisches Erdgas des Gasfeldes Shah Deniz zugreifen, das aber selbst in der Phase II ab 2012 nicht ausreichend Gas für den Vollausbau von Nabucco liefern kann. Daher ist es notwendig, zusätzliche Gaslieferanten einzubinden – Ägypten und Irak, ganz besonders auch den Iran, wenn die politischen Barrieren dafür beseitigt werden können. Unverzichtbar für Nabucco ist der Zugriff auch auf turkmenisches Erdgas, das über eine neu zu errichtende Transkaspische Pipeline nach Baku und von dort über die Baku-Tbilissi-Erzurum-Gasleitung in die Türkei verbracht werden soll.

Aber gerade das turkmenische Erdgas ist zwischen Russland und der EU hart umkämpft. Die derzeit gesicherten Erdgasreserven Turkmenistans werden mit 2,7 Billionen m^3 angegeben, das Fördervolumen lag 2007 bei 67,4 bcm. Turkmenistan exportiert Erdgas derzeit nahezu ausschließlich über das sowjetische Gasleitungsnetz, das nach Russland führt, nur ein geringes Exportvolumen führt in den Iran. Turkmenistan hat 2003 einen langfristigen Gasliefervertrag mit *Gazprom* abgeschlossen, in dem Turkmenistan sich verpflichtet hat, 80–100 bcm Erdgas jährlich an Russland zu liefern. Im Mai 2007 einigten sich Russland, Kazachstan und Turkmenistan auf die Modernisierung des bestehenden Gasleitungsnetzes aus den zentralasiatischen

Staaten nach Russland und den Bau einer neuen Gasleitung am Ostufer des Kaspischen Meeres nach Russland.

Turkmenistan ist aber daran interessiert, sein Gasexportleitungsnetz zu differenzieren. Derzeit wird eine Gasleitung nach China gebaut. Über diese Leitung will China ab 2010 bis zu 30 bcm an Erdgas aus Turkmenistan beziehen. 8,5 bcm lieferte Turkmenistan 2008 in den Iran. Turkmenistan ist damit vertragliche Lieferzusagen eingegangen, die weit über seinem derzeitigen Produktionsvolumen liegen.

Turkmenistan ist aber trotzdem daran interessiert, sein Erdgas auch über die Nabucco-Gasleitung an die EU zu verkaufen. Zuletzt bemühte sich die turkmenische Führung, eine Gasleitung von Turkmenistan über Afghanistan und Pakistan nach Indien zu bauen (TAPI-Pipeline). Angesichts dieses ambitionierten Exportleitungsnetzes ist eine deutliche Steigerung der derzeitigen Förderleistung Turkmenistans erforderlich. Es sind aber beträchtliche finanzielle Mittel notwendig, um die turkmenischen Produktionsanlagen und das bestehende Gasleitungsnetz zu modernisieren. Derzeit bemüht sich Russland intensiv darum, diese Aufgaben zu übernehmen.

Russland kommt es sehr gelegen, wenn die EU darauf verzichtet, auf iranisches Gas zurückzugreifen; damit würde auf absehbare Zeit ein Wettbewerber für *Gazprom* auf dem EU-Markt ausgeschlossen. *Gazprom* ist durchaus zufrieden, wenn Iran sein Gas daher nach Indien oder China exportieren muss.

Russland aber ist nicht nur daran interessiert, seine Export*routen* zu diversifizieren, sondern auch seine Export*märkte*. Die Gasförderung in der Barents-See und der Kara-See kann leitungsgebunden oder als Flüssiggas auf

Märkte der EU, aber auch nach Nordamerika exportiert werden. Die Vorräte der Jamal-Halbinsel – off-shore und on-shore – können darüber hinaus auch in die VR China geleitet werden. Im Zugriff auf diese Gasfelder steht die EU daher in einem Wettbewerb mit China.

Die noch unerschlossenen Gasfelder im östlichen Sibirien werden leitungsgebunden nach China, aber auch nach Japan und nach Südkorea exportiert werden; dies gilt auch für die Erdgasförderprojekte auf der Halbinsel Sachalin. Im Projekt Sachalin-1, das *Gazprom* mit *Royal Dutch Shell* betreibt, wird auch Flüssiggas hergestellt; bislang hatte *Gazprom* keine Erfahrung im LNG-Sektor.

Der Wettbewerb um den Zugriff auf russländische Gasressourcen ist Teil eines immer schärfer werdenden *globalen* Nachfragewettbewerbs nach Erdgas als LNG und nach anderen Energieträgern zwischen der EU, Indien, der VR China und der USA. Die Europäische Union muss sich daher mehr sorgen, zu wenig Erdgas von Russland zu bekommen, denn zu viel davon von Russland zu brauchen.

Russländische Ölexporte auf den Weltmarkt

Russland ist auch im Rohölsektor ein wichtiger Akteur; mit 9,83 Millionen Barrel (ein Barrel sind 159 Liter) produziert Russland 11 Prozent der derzeitigen globalen Tagesförderung. Russland ist der zweitgrößte Ölförderer nach Saudi Arabien und der größte außerhalb der OPEC. 2007 wurden 45 Prozent der russländischen Rohölproduktion an die EU-27 verkauft.

Die russländische Ölproduktion hat seit 1999 stetig zugenommen; 2008 aber ist sie um 0,7 Prozent leicht zurückgegangen. Durch die hohe Besteuerung der Ölförderung und die hohen Ausfuhrzölle sind Investitionen der Unternehmen in die Erschließung neuer Felder gesunken. Das größte russländische Ölunternehmen *Rosneft* ist in staatlichem Besitz. Dahinter liegen die privaten Ölförderer *Luk-Ojl*, BP-TNK und *Surgutneftegaz*. An fünfter Stelle liegt *Gazprom Neft*, der Rohölarm der staatlich kontrollierten *Gazprom*.

Auch im Bereich des Rohölexports sucht Russland zusätzliche Exportrouten. Alle Ölleitungen auf russländischem Territorium sind im Eigentum der staatlichen *Transneft* – mit Ausnahme der Leitung, die kazachisches Erdöl aus den Feldern Kašagan, Tengiz und Karačaganak über russländisches Territorium zum Schwarzmeerhafen Novorossijsk transportiert. Dieses CPC (Caspian Pipeline Consortium) ist im Eigentum von Russland, Kazachstan, Oman, BP, *Chevron Texaco* und anderen Ölfirmen.

Die strategischen Ausfuhrschienen für russländisches Rohöl sind die nach Westen führende Družba-Leitung, die über die Ukraine und Belarus nach Tschechien und in die Slowakei führt. Die Südroute führt zum russländischen Ölterminal in Novorossijsk, wobei das Öl von dort mittels Tankern durch die Meerengen des Bosporus und der Dardanellen auf den Weltmarkt verbracht wird; oder russländisches Rohöl wird aber auch mit Tankern an die iranische Küste des Kaspischen Meeres verschifft und dort über »swap«-Verfahren exportiert: Der Iran konsumiert die russländischen Öllieferungen und exportiert dafür eine äquivalente Menge an Rohöl über seine Terminals am Persischen Golf an andere Abnehmer.

Die Nordroute führt Öl über das Baltic-Pipeline-System BTS-1 nach Murmansk, wo das Rohöl auf Tanker verladen und exportiert wird. Im Dezember 2008 hat die russländische Regierung beschlossen, diese Route mit dem Bau der BTS-2 auszubauen.

Das ehrgeizigste Ölexportprojekt ist derzeit aber die VSTO – eine Ölleitung aus dem östlichen Sibirien an die russländische Pazifikküste bei Nachodko. Hauptabnehmer dieses Öls wird Japan sein. Eine Abzweigung der VSTO bei Skovorodina führt Rohöl nach China. Der Leitungsstrang bis Skovorodina ist beinahe fertiggestellt, der Endausbau bis zur Pazifikküste wird mindestens bis 2014 dauern.

Russland ist durch die immensen Vorkommen an Rohöl und Erdgas eine strategische Großmacht in der globalen Energieversorgung. Das Land hat sich seit vielen Jahrzehnten als verlässlicher Versorger erwiesen, dies gilt vor allem für die Märkte innerhalb der EU. Allerdings hat Russland die Ausfuhr fossiler Brennstoffe gerade in den letzten Jahren nicht nur als finanzielle Ressource, sondern auch als Druckmittel verwendet. Besonders deutlich ist dies im Ölsektor, wo Russland Litauen und Lettland durch die Unterbrechung der Ölversorgung massiv unter Druck zu setzen versuchte. Gerichtet war der Druck aber nicht auf politische Ziele, sondern darauf, russländischen Unternehmen den Vorzug bei der Privatisierung von Raffinerien (*Mazeikiu Nafta*, Litauen) oder Hafenanlagen (*Ventspils*, Lettland) einzuräumen. Energielieferungen als politisches Druckmittel zu verwenden – wie im Falle Georgiens – ist aber die Ausnahme; als Mittel dafür, ökonomische Vorteile zu erzwingen, wird der Reichtum fossiler Brennstoffe aber durchaus genützt.

Die Krise der strategischen Rüstungskontrolle

Die Beziehungen Russlands zur USA sind auch nach dem Zusammenbruch der UdSSR auf den Sicherheitssektor begrenzt: auf Rüstungskontrolle, Verhinderung der Weiterverbreitung von nuklearen Waffen (Iran), auf die nachrichtendienstliche Zusammenarbeit gegen transnationale terroristische Netzwerke und auf die Lösung von Regionalkonflikten wie in Afghanistan.

Im Bereich der strategischen Rüstungskontrolle aber sind in den letzten Jahren erhebliche Konflikte zwischen Russland und der USA aufgebrochen: Die mühsam, in zähen und langwierigen Verhandlungen erzielten Rüstungskontroll- und Abrüstungsabkommen der vergangenen vier Jahrzehnte brechen schrittweise zusammen. Die vertragliche Sicherheitsarchitektur im konventionellen und nuklearen Bereich ist durch die militärischen und militär-technischen Entwicklungen seit 2001 erheblich ausgehöhlt worden

Der ABM-Vertrag aus dem Jahr 1972, der die USA und die UdSSR daran hinderte, durch flächendeckende Raketenabwehrsysteme die gesicherte Zweitschlagsfähigkeit der anderen Vertragspartei (*Mutual Assured Destruction*, MAD-Logik) zunichte zu machen, wurde 2001 durch die Bush-Administration gekündigt. Nachdem Revisionsverhandlungen des ABM-Vertrages gescheitert waren, wurde diese rechtskonforme Kündigung von der USA als notwendig erachtet, um Forschung, Entwicklung und Stationierung von Komponenten eines Ballistischen Raketenabwehrsystems (*Ballistic Missile Defence*) zu ermöglichen.

Der im Juli 1991 unterzeichnete Vertrag über die Abrüstung strategischer Waffen (START 1) legte die Verringerung strategischer Abschusseinrichtungen (land- und seegestützte Interkontinentalraketen – ICBMs und SLBMs – sowie strategische Bomber) auf 1600 und die Absenkung der operativen Nuklearsprengköpfe auf 6000 fest. Dieser Vertrag, der ein umfassendes Verifikationsregime zur Überwachung der Abrüstungsverpflichtungen enthält, läuft am 5. Dezember 2009 aus. Ein völkerrechtliches Nachfolgeabkommen mit einem ausdifferenzierten Überwachungsregime und weiteren Absenkungen der Abschussvorrichtungen und der Sprengköpfe ist derzeit äußerst unwahrscheinlich. Gespräche über die Verlängerung des Vertrages haben im November 2008 zwar begonnen; weder die USA noch Russland aber hat an einer ähnlichen vertragsrechtlichen Rüstungskontrolle besonderes Interesse. Russland ist insbesondere daran gelegen, das Verbot der Bestückung von Raketen mit Mehrfachsprengköpfen (MIRV) aufzuheben. Angesichts der drastisch sinkenden Zahl der land- und seegestützten ballistischen Langstreckenraketen will Russland die verbleibenden Raketen mit Mehrfachsprengköpfen ausstatten. Die Nutzung von MIRV ist für Russland auch geeignet, die militärtechnisch mögliche Abwertung seines nuklearen Arsenals durch die BMD-Pläne der USA zu verhindern.

Bis 2012 schließlich läuft der derzeit letzte Abrüstungsvertrag – der Vertrag über Strategische Offensivwaffen (*Strategic Offensive Reductions Treaty* SORT, »Moskauer Vertrag«) aus dem Jahr 2002 – aus. Dieses Rüstungsabkommen sieht zwar die weitere Abrüstung der Abschussvorrichtungen und der operativen Sprengköpfe auf 1700 bis 2200 Stück vor. Deaktivierte Sprengköpfe müssen aber nicht mehr zerstört, sondern dürfen gelagert werden (*hedging*), sie können daher jederzeit kurzfristig reaktiviert werden. Zudem enthält dieser Vertrag keinerlei Überprüfungsmechanismen. Aus derzeitiger Sicht wird es daher ab 2013 keinen völkerrechtlichen Vertrag über strategische nukleare Abrüstung mit einem strengen Verifikations- und Kontrollregime mehr geben.

Die – rechtlich an sich nicht vorgesehene – Aussetzung des KSE-Vertrages aus dem Jahr 1990 (A-KSE 1999) durch Russland im Jahr 2007 setzt diese Erosion der vertraglichen Rüstungskontrolle nunmehr auch im konventionellen Bereich fort. Russlands Vertragsausstieg war die Reaktion auf die nicht erfolgte Ratifizierung des A-KSE-Vertrages durch die Mitgliedsstaaten der NATO. Diese hatten ihre Weigerung damit begründet, dass Russland – entgegen seiner Zusagen auf dem OSZE-Gipfel in Istanbul 1999 – seine Streitkräfte nicht aus Transnistrien (Moldova) und auch nicht vollumfänglich aus Georgien abgezogen habe.

Die Aussetzung des KSE-Vertrages durch Russland wiederum wird kurzfristig nur die Mechanismen zur Überwachung der russländischen Vertragstreue beenden. Bislang ist eine Verhandlungslösung des Streites um die Ratifizierung des KSE-Vertrages nicht gelungen. Bleibt diese aus, ist mittelfristig auch eine sektorale konventionelle Aufrüstung Russlands an den Grenzen Polens (Kaliningrad, Aufrüstung der Baltischen Flotte), an der Schwarzmeerküste (Aufrüstung der Schwarzmeerflotte) und im nördlichen Kaukasus zu erwarten.

Für die vertragliche Rüstungskontrolle dramatisch aber ist die mögliche Kündigung des INF-Vertrages aus dem Jahr 1987 durch Russland. Dieser Vertrag hatte damals die völlige Vernichtung der nuklear bestückten Kurz- und

Mittelstreckenraketen festgelegt. Die Drohungen des Generalstabs der russländischen Streitkräfte und des Verteidigungsministeriums, als Reaktion auf die Errichtung von BMD-Anlagen in Polen und Tschechien den INF-Vertrag zu kündigen, hat in der USA, aber auch innerhalb der NATO zu heftigen Vorwürfen an Russland geführt, ein neues Wettrüsten auszulösen. Die Kündigung dieses Abkommens durch Russland liegt nicht nur im Interesse der russländischen Rüstungsindustrie, sondern wäre eine relativ kostengünstige asymmetrische Reaktion Russlands auf die Erweiterung der BMD-Einrichtungen im östlichen Europa.

Raketenabwehranlagen – *Ballistic Missile Defence*

Das Vorhaben der USA, ihre Anstrengungen im Bereich der Abwehr nuklear bestückter ballistischer Raketen *(Ballistic Missile Defence)* auszuweiten und Komponenten dieses Abwehrsystems bis 2012 in Polen und in Tschechien zu stationieren, hat die Krise in der strategischen Rüstungskontrolle zwischen der USA und Russland erheblich verschärft. Die BMD-Stationierungspläne wurden zunächst ausschließlich bilateral zwischen der USA und Tschechien bzw. Polen verhandelt. Trotz massiver Kritik in einigen Mitgliedsstaaten – vor allem in Frankreich, verhaltener auch in Deutschland – wird das Stationierungsvorhaben nun auch von der NATO unterstützt: Das Vorhaben der USA wurde als Teil der regionalen Raketenabwehr bezeichnet, das im Rahmen der NATO errichtet werden soll.

Die offizielle Begründung der USA für dieses Stationierungsvorhaben – die Bedrohung durch iranische oder nordkoreanische Langstreckenraketen – ist allerdings wenig glaubwürdig. Die nordkoreanische Interkontinentalrakete (ICBM) – die Taepodong-2 – ist noch immer nicht einsatzfähig; beim letzten Test im Juli 2006 ist sie nach 32 Sekunden niedergegangen; auch liegt sie mit einem Einsatzradius von max. 6000 km am äußersten unteren Ende der Reichweite von ICBMs. Die ballistische Flugbahn der nordkoreanischen ICBMs würde aber mit dem wahrscheinlichsten Zielgebiet Nordamerika ohnehin nicht über europäisches Territorium führen. Iran verfügt (noch sehr lange) nicht über ICBMs: Die Shahab-5, die mit einem projektierten Einsatzradius von 2500 km am unteren Rand der Reichweite von *Intermediate Range Ballistic Missiles* (IRBMs, ballistische Raketen mit einer Reichweite von 3000 bis 5500 km) liegt, befindet sich erst in einer planerischen Anfangsphase. Diese Raketentypen können daher als Begründung für die Abwehrsysteme in Osteuropa nicht gelten.

Die USA hat die BMD-Anlagen seit 2002 massiv ausgebaut. Nach Fort Greely (Alaska) mit 15 Interzeptoren (Abfangraketen) und dem Luftwaffenstützpunkt in Vandenberg (Kalifornien) mit 2 Interzeptoren ist die Raketenabwehr mit der geplanten Anlage in Polen mit 10 Interzeptoren in eine weitere Ausbaustufe eingetreten. Radarkomponenten – als Raketenfrühwarnsysteme oder als Radaranlagen zur Steuerung der Abfangraketen – finden sich mittlerweile bereits in Thule (Grönland), Clear Airforce Station (Alaska), Vardö (Norwegen), Shemya (Aleuten), Fylingdales (Großbritannien) und möglicherweise in Brdy (Tschechien).

Russland erklärt, seine militärische Sicherheit werde durch den Ausbau der Raketenabwehr bedroht. Technisch ist es möglich, durch die in Polen stationierten kinetischen Abwehrraketen russländische Interkontinentalraketen zu treffen – aber nur die auf einer transatlantischen Flugkurve; Kollisionspunkt wäre in der Nähe von Island. Kinetische Abfangraketen haben keinen Sprengkopf, sondern zerstören die »feindliche« Rakete durch die Kraftwirkung des Zusammenpralls. Das russländische nuklear bestückte Raketenarsenal aber kann durch wenige kinetische Interzeptoren nicht ausgeschaltet werden; dies wird sich auch dadurch nicht ändern, dass die Zahl russländischer Raketen in den kommenden Jahren deutlich zurückgehen wird; auch dann nicht, wenn die Zahl der Abwehrraketen, die von der USA im östlichen Europa stationiert werden, deutlich erhöht werden sollte.

Auch die in Moskau derzeit geäußerte Sorge, die Interzeptoren könnten nuklear bestückt und mit einer geringen Vorwarnzeit zu einem Enthauptungsschlag gegen Moskau benutzt werden, ist nicht haltbar, weil dies technisch kaum durchführbar ist.

Durch den Ausbau der Raketenabwehranlagen wird aber der Rüstungsdruck auf Russland im Bereich der strategischen ballistischen Raketen zunehmen. Russland wird die Ausgaben erhöhen müssen, seine land- und seegestützten Raketenarsenale zu modernisieren und in ausreichender Zahl zu stationieren; das ist ein kostenintensives Vorhaben.

Die russländischen Militärstrategen sehen in den BMD-Anlagen ein weiteres Vorhaben der USA, ihre militärische Infrastruktur im östlichen Europa, aber auch an der südlichen Flanke Russlands – im Südkaukasus und in Zentralasien – auszudehnen. Die USA hat 2007 Militärbasen in Rumänien und Bulgarien eingerichtet; mit den Raketenabwehranlagen wird die militärische Präsenz weiter zunehmen; zudem hat Condoleezza Rice im Juni 2008 in Sofia betont, mehrere Staaten der Region würden »in der einen oder anderen Weise« in die Raketenabwehranlagen eingebunden werden. Russland fürchtet daher eine militärische Einkreisung, zumal die USA in Georgien durch Militärberater und -ausbildner vertreten ist und dies in Azerbaijan anstrebt und in Kirgisistan über die Luftwaffenbasis Manas verfügt.

Vladimir Putin hat der USA angeboten, im Bereich der Raketenabwehr zusammenzuarbeiten. Auf dem G-8 Treffen im deutschen Heiligendamm im Juli 2007 hat Putin vorgeschlagen, die von den russländischen Streitkräften genutzte Radaranlage in Qabala (Azerbaijan) für eine gemeinsame Raketenabwehr zu nutzen. Dafür sollte die USA darauf verzichten, in Polen und Tschechien Anlagen zu errichten. Die Radaranlage in Qabala mit einer Reichweite von annähernd 6000 km ist Teil des russländischen Frühwarnsystems; die 1985 in Betrieb genommene Anlage ist jedoch stark veraltet. Die USA sagte zu, die Einbindung von Qabala zu prüfen, lehnte aber die russländische Forderung ab, dafür auf das Vorhaben in Polen und Tschechien zu verzichten. Qabala wäre auch nicht geeignet, Interzeptoren auf gegnerische Raketen zu leiten.

Der Vorschlag der USA bei einer Verhandlungsrunde in Moskau im Oktober 2007, russländische Offiziere könnten dauerhaft die Anlagen in Tschechien und Polen überwachen, wurde von den Regierungen der beiden Staaten abgelehnt. Ein weiterer Vorschlag der USA, die Inbetriebnahme der Anlagen so lange auszusetzen, bis die iranische Raketenbedrohung offensichtlich würde, wurde von der amerikanischen Regierung wieder zurückgezogen.

Im November 2008 kündigte Russland an, in der Region Kaliningrad – eine russländische Exklave an der

Ostsee, umgeben von Polen und Litauen – russländische Kurzstreckenraketen »Iskander-M« mit einer Reichweite bis 400 km zu stationieren und auf die Interzeptorenstellungen in Polen zu richten. Diese Kurzstreckenrakete ist eine präzise, schnell einsetzbare Rakete, die aufgrund ihrer niedrigen Flugkurve für das gegnerische Radar schwer zu orten ist. Russland will die Raketen sowohl land- als auch seegestützt stationieren. Zugleich kündigte Russland an, in Kaliningrad elektronische Störeinrichtungen einzurichten, um die Funktionstüchtigkeit der US-Raketenabwehr in Polen und Tschechien zu verringern.

Derzeit besteht keine rechtliche Norm, die es untersagt, Kurzstreckenraketen zu stationieren – lediglich ein informelles politisches Übereinkommen. Im Herbst 1991 haben die UdSSR und die USA unilaterale Erklärungen abgegeben, das Arsenal an Kurzstreckenraketen zu verringern und die restlichen Raketen in einer zentralen Stationierungsstätte aufzubewahren.

Die Kündigung des INF-Vertrages würde es Russland auch erlauben, ballistische Raketen der mittleren Reichweite – mit einer Reichweite von 3000 bis 5500 km – zu bauen und zu stationieren; dies wäre kostengünstiger als der verstärkte Ausbau der Interkontinentalraketen.

Russland bemüht sich, durch die angedrohte Raketenstationierung den Druck auf die USA, die Stationierungspläne auszusetzen, zu erhöhen. Präsident Obama steht den BMD-Plänen im östlichen Europa auch deutlich skeptischer gegenüber als die Regierung von G. W. Bush. Allerdings könnte die russländische Drohung Obamas Handlungsspielraum verringern, weil eine Abkehr der USA von den Stationierungsplänen als Zeichen der Schwäche gegenüber einem »aggressiven« Russland gedeutet werden könnte.

Der russländisch-georgische Krieg im August 2008

Der militärische Konflikt zwischen Russland und Georgien um das südliche Ossetien ist nach dem Gasstreit zwischen der Ukraine und Russland der zweite Einschnitt in den Beziehungen Russlands mit der USA und der Europäischen Union. Ähnlich ist den beiden Ereignissen eine äußerst verzerrte Deutung der Geschehnisse, die Russland als Aggressor bezichtigt. Die Lage ist aber in beiden Fällen keineswegs derart eindeutig.

Die südkaukasische Region zeichnet sich zum einen durch ein dicht miteinander verwobenes Gemenge von ethnischen Konflikten aus, die in Armenien, Azerbaijan und in Georgien zu gewalttätigen sezessionistischen Konflikten geführt haben; zum anderen durch einen harten geoökonomischen und geostrategischen Wettbewerb zwischen der USA und Russland um kaspische Energieträger und den Südkaukasus als energetische Transitbrücke. Der Südkaukasus wurde dadurch zu einer der konfliktreichsten Regionen des euroasiatischen Raumes.

Die Sezession Abchasiens und Ossetiens

Die Sezession der abchasischen und der ossetischen Region Georgiens 1990–1992 wurde durch aggressiven georgischen Nationalismus ausgelöst oder beschleunigt. In der Debatte über den militärischen Konflikt zwischen Russland und Georgien bemühen sich allerdings nur wenige darum, sich mit den Erfahrungen und der Sicht der abchasischen und der ossetischen Völker vertraut zu machen. Kaum ein Beobachter stellt die Frage, ob das Drängen nach staatlicher Selbstständigkeit denn nicht begründet, vielleicht sogar berechtigt wäre.

Besonders deutlich wird dies bei Abchasien: Die Abchasen wurden aus ihrem historischen Siedlungsgebiet zuerst durch zaristische Heerscharen vertrieben und nach 1920 durch die von den Georgiern Stalin und Berija betriebene gezielte Ansiedelung von Georgiern, Russen und Armeniern zu einer kleinen Minderheit gemacht. Im August 1992 sind georgische paramilitärische Verbände in Abchasien eingefallen, haben das Nationalarchiv und damit das historische Gedächtnis des abchasischen Volkes niedergebrannt, die Hauptstadt Suchumi geplündert und ethnische Säuberungen durchgeführt. Die Abchasier verfügten damals nicht über militärische Verbände und waren schutzlos. Der militärische Befreiungsversuch war 1994 mit Unterstützung nordkaukasischer Söldner und russländischer Streitkräfte erfolgreich, war aber von grausamen ethnischen Säuberungen und der Vertreibung von 250 000 georgischen Siedlern gekennzeichnet.

Die ökonomische Blockade und die Weigerung Georgiens, ein Gewaltverzichtsabkommen zu schließen, haben Abchasien in die Abhängigkeit von Russland getrieben. In Abchasien wurden seit 1994 mehrfach freie Wahlen abgehalten – allerdings ohne Beteiligung der vertriebenen Georgier. Der derzeitige Präsident Bagapš wurde gegen den Widerstand Russlands gewählt. Die Abchasen sind sich durchaus bewusst, von der russländischen Seite für eigene strategische Ziele benutzt zu werden, die Erinnerungen an die grausame zaristische Vertreibung sind noch immer wach. Die Angst, Russland werde Abchasien fallen lassen, wenn es in seinem Interesse wäre, war immer da, und sie war berechtigt.

Russland hat im April 2008 seinen Beziehungen mit den Sezessionsgebieten offiziellen Charakter verliehen. Es war dies eine Reaktion zum einen auf die Anerkennung der Unabhängigkeitserklärung der Republik Kosovo durch die Mehrheit der EU-Mitglieder und die USA; zum anderen aber vor allem auf den NATO-Gipfel in Bukarest, bei dem Georgien und der Ukraine die Mitgliedschaft in der NATO prinzipiell zugesagt wurde. Dieser Akt war nur von symbolischem Gehalt, denn faktisch änderte sich an Inhalt und Intensität der Beziehungen mit den Sezessionsregionen nichts.

Russland konnte aus dem status quo in Georgien vor den militärischen Kampfhandlungen erhebliche Vorteile ziehen: Die militärische Präsenz friedenserhaltender Einheiten – in Abchasien auf der Basis eine Mandates des Sicherheitsrates der Vereinten Nationen (bis zu 3000 Mann), in Südossetien im Rahmen einer trilateralen Vereinbarung (Russland, Georgien, Südossetien) (bis zu 800 Mann) – erlaubte es Russland, militärstrategische und ökonomische Ziele in diesen Regionen und in Kerngeorgien zu verfolgen, ohne hartem internationalen Druck ausgesetzt zu sein. Russland konnte unter dem Deckmantel der rechtlich abgesicherten Überwachung des Waffenstillstands aus den Jahren 1992 (Südossetien) und 1994 (Abchasien) seine eigenen Interessen durchsetzen. Allerdings ist festzuhalten, dass die Kontrolle Russlands über die politischen Eliten in beiden Sezessionsregionen nicht unbeschränkt war. Die Kosovo-Anerkennung hat den Druck der Regierungen Abchasiens und Südossetiens auf Moskau verstärkt, deren Unabhängigkeit anzuerkennen. Entscheidend aber war, dass auch innerhalb der politischen Elite Russlands der Druck, die Sezessionsregionen anzuerkennen, stärker wurde. Dies gilt vor allem für den FSB und Teile des Generalstabes und auch für die Energiekonzerne *Gazprom* und *Rosneft*.

Die georgischen Interessen

Georgien aber war durch die de-facto-Annexion Südossetiens und Abchasiens durch Russland und den schwindenden Zugriff auf Südossetien unter Handlungszwang geraten. Seit der Eroberung der oberen Kodori-Schlucht (Abchasien) durch georgische Truppen im Sommer 2006 hatte sich die militärische Lage für die georgische Regierung erheblich verschlechtert.

Wesentlich war aber, dass Präsident Saakashvili überzeugt war, dass sich das Zeitfenster zur Aufnahme Georgiens in die NATO zu schließen begann: Ohne Lösung oder zumindest Fortschritte bei der Lösung der offenen Territorialkonflikte war es völlig ausgeschlossen, dass die Außenminister der NATO bei ihrem Treffen im Dezember 2008 Georgien einen *Membership Action Plan* (MAP) anbieten würden. Noch wichtiger in den Überlegungen Saakashvilis war aber, dass die Präsidentschaft von G.W. Bush zu Ende ging. Die Unterstützung der USA für einen Beitritt Georgiens zur NATO würde unter einem Präsidenten Obama wesentlich geringer sein.

Unzutreffend ist das Argument, Saakashvili hätte sich aufgrund seiner angeschlagenen Position in der Innenpolitik zu diesem militärischen Abenteuer hinreißen lassen. Zwar ist Saakashvili in der Bevölkerung wegen seines gewaltsamen Vorgehens gegen oppositionelle Demonstranten im November 2007, die Verhängung des Ausnahmezustandes und die anhaltende soziale Krise trotz wirtschaftlichen

Aufschwungs umstritten. Allerdings ist die Opposition zersplittert und es fehlt ihr an einer charismatischen Führungspersönlichkeit. Zudem hat Saakashvili die elektronischen Medien, die Polizei, die Staatsanwaltschaft und die Streitkräfte völlig im Griff.

Die Konzentration von Kampftruppen und schwerem Gerät um die südossetische Hauptstadt Zchinvali waren der Aufklärung der USA und Russlands natürlich bekannt; umgekehrt war der USA auch die russländische Truppenmassierung durch technische und *human intelligence* bekannt. Es ist unwahrscheinlich, dass die georgische Führung die militärische Eskalation *ohne das Wissen* der USA begonnen hat; möglich, aber nicht sehr wahrscheinlich ist, dass Saakashvili die Offensive *gegen den Willen* der USA gestartet hat. Die wahrscheinlichste Erklärung ist daher: Die USA hat die militärische Risikovariante Saakashvilis zugelassen, weil sie sowohl den Willen als auch die militärischen Fähigkeiten Russlands zu einem umfassenden militärischen Gegenschlag unterschätzt hat.

Eskalation und Krieg

Die USA haben Saakashvili jedoch nicht *ermuntert*, die militärische Rückeroberung Südossetiens zu versuchen. Zu wahrscheinlich schien ein russländischer militärischer Gegenschlag und es war klar, dass die USA Georgien militärisch nicht verteidigen will. Die USA hatte bereits im Sommer 2004 die Eskalation eines militärischen Angriffs Georgiens auf Südossetien unterbunden; damals versuchten georgische Verbände die Kontrolle über den strategisch wichtigen Djava-Bezirk zu erlangen. Weder hatte die USA den politischen Willen, noch die militärischen Reservekapazitäten, um auf Georgiens Seite in die Kampfhandlungen einzugreifen.

Die georgische Seite bereitete den militärischen Angriff auf die südossetische Stadt Zchinvali zielgerichtet vor. In der Nacht auf den 8. August 2008 wurde die Stadt mehrere Stunden von georgischer schwerer Artillerie beschossen, auch zivile Ziele. Georgien hat zwar das Recht, die Kontrolle über sein völkerrechtlich anerkanntes Staatsgebiet zu erlangen; diese exzessive Gewaltanwendung aber war ein klarer Verstoß gegen das humanitäre Völkerrecht.

In einem *best-case*-Szenario konnte Saakashvili annehmen, dass die militärische Schlagkraft Georgiens ausreichen könnte, um eine umfassende Operation gegen Zchinvali und das nördliche Südossetien innerhalb einer kurzen Zeit abzuschließen. Sollte die russländische Gegenoffensive nur moderat ausfallen, hätte Georgien massive Geländegewinne in Südossetien erzielen können.

In einem *worst-case*-Szenario würde die Offensive misslingen, weil Russland einen massiven militärischen Gegenschlag vornimmt. Die georgische Führung ist nicht davon ausgegangen, einem russländischen Gegenangriff widerstehen zu können, hat aber eine totale russländische Offensive in das georgische Kernland für sehr unwahrscheinlich gehalten.

Diese Risikoeinschätzung war angesichts des im Juli im nördlichen Kaukasus durchgeführten Manövers der russländischen Streitkräfte (Kavkaz 2008) abenteuerlich. Die Manöveranlage glich dem später erfolgten militärischen Angriff Russlands auf Georgien weitestgehend. Dies kann unterschiedlich interpretiert werden – als eigentliche Vorbereitungsübung für einen von Russland ohnehin beabsichtigten Angriff, andererseits aber auch lediglich als *contingency operation* für einen möglichen Ernstfall. Umstritten ist auch, inwiefern die ebenfalls im Juli 2008 abgehaltenen militärischen Manöver der USA und Georgiens tatsächlich nur Übungen für den Einsatz georgischer Soldaten im Irak oder doch (auch) für den militärischen Angriff gegen das südliche Ossetien gedient haben. Von den vier georgischen Brigaden war am Manöver mit den USA v. a. die Zweite Brigade beteiligt; die Erste Brigade der georgischen Streitkräfte war zur Zeit des Ausbruchs der Kampfhandlungen im Irak.

Eine moderate militärische Niederlage Georgiens hätte Saakashvili dazu gedient, die Sezessionskonflikte in Abchasien und Südossetien zu internationalisieren. Georgien verlangt aus wohlbegründetem Interesse seit langem, die militärische Präsenz in den Sezessionsgebieten über Russland hinaus auszuweiten. Georgien hatte seit langem auf die Stationierung internationaler Friedenstruppen unter dem Kommando der Vereinten Nationen gedrängt. In dieser Forderung wurde Georgien vor allem durch die USA unterstützt.

In allen Szenarien ist Saakashvili davon ausgegangen, dass die USA massiv zugunsten Georgiens eingreifen und Russland von einer radikalen militärischen Gegenoffensive durch Druck abhalten könnte. Saakashvili hat eine militärische Eskalation gewagt, weil eine geringe Chance auf Erfolg bestand, eine Niederlage aber begrenzt sein würde – in der Annahme, dass die USA Russland zur Zurückhaltung zwingen könnte.

Das Risiko, durch die militärische Eskalation die georgische Position gegenüber der NATO zu schwächen, schätzte Saakashvili als niedrig ein. Georgien als Opfer einer russländischen Militäraggression würde Frankreich und Deutschland zu einer Revision ihrer ablehnenden Position gegenüber der Heranführung Georgiens an die NATO zwingen. Widerstand gegen Georgien als NATO-Partner wäre dann ganz deutlich als Beschwichtigungspolitik gegenüber Russland ausgelegt worden.

Russlands militärische Gegenreaktion ist vor allem deswegen so massiv ausgefallen, weil damit der Einschüchterungsdruck auch auf andere Staaten wie die Ukraine erheblich gesteigert werden konnte. Die Invasion wurde nicht nur um ihrer selbst willen – zum Schutz Südossetiens und Abchasiens – durchgeführt, sondern auch wegen ihrer Signalwirkung an die Ukraine. Inwiefern dieses Kalkül nicht fehlgeleitet war – nämlich die Ukraine noch stärker in die euroatlantischen Strukturen zu treiben –, ist abzuwarten.

Die russländischen Streitkräfte begnügten sich nicht damit, die georgischen militärischen Einheiten aus dem südlichen Ossetien zu vertreiben; vielmehr wurde eine massive Bodenoperation im georgischen Kernland gestartet und es wurden Schutzzonen um Abchasien und Südossetien gezogen. Russland hat den Schienenverkehr, der in Georgien auf der Hauptachse von Osten nach Westen geführt wird, durch die Sprengung von Eisenbahnbrücken und die Zerstörung von Eisenbahnschienen mehrfach unterbrochen. In Gori, das von russländischen Truppen besetzt wurde, teilt sich die Verkehrsachse in eine Route nach Poti – einem Ölverladeterminal für azerbaijanisches Rohöl –, eine nach Batumi (ebenfalls ein Ölverladeterminal für kaspisches Öl) und eine an die türkisch-georgische Schwarzmeerküste. Azerbaijan musste jedenfalls seine Öllieferungen an die Schwarzmeerküste, die abgesehen von der leistungsschwachen Ölleitung von Baku nach Supsa über die Eisenbahn erfolgen, aussetzen.

Die strategischen Ziele Russlands

Durch die militärische Eskalation in Georgien hat Russland mehrere strategische Ziele erreicht. Abchasien und Südossetien sind Georgien dauerhaft entzogen, die militärische Präsenz Russlands in den Regionen wird erhöht und »Rumpfgeorgien« bleibt als Ergebnis zurück. Das zweite strategische Ziel war die Bloßstellung der Inhaltsleere westlicher Schutzversprechen. Moskau hat deutlich gemacht, dass NATO und USA einen militärischen Konflikt mit Russland nicht riskieren. »Mourir pour Tbilissi« bleibt eine Fiktion. Das wird auch in Kiiv nicht unbemerkt geblieben sein. Die Beteuerungen, Georgien könne weiterhin Mitglied der Allianz werden, sind wortreiche Gesten, aber in der Substanz wertlos. Allerdings ist zu erwarten, dass die USA die bilaterale Militärhilfe an Georgien verstärken wird. Die Unterzeichnung eines Abkommens über strategische Partnerschaft zwischen der USA und Georgien im Januar 2009 sichert dies politisch ab.

Das dritte strategische Ziel Russlands war die Demonstration konventioneller militärischer Überlegenheit in der Region. Russland hat nicht nur den politischen Willen, sondern auch die militärische Fähigkeit zur bewaffneten Intervention in den Nachbarstaaten demonstriert.

Das vierte strategische Ziel war die Schwächung Georgiens als Transitland für Öl und Gas. Dies betrifft nicht die seit 2005 betriebene Ölleitung BTC von Baku zum türkischen Ceyhan, sondern zwei andere strategische Projekte: zum einen den Transport kazachischen und azerbaijanischen Rohöls an die Ölverladeterminals Kulevi, Batumi und Supsa an der georgischen Schwarzmeerküste. Dadurch hatte sich Kazachstan eine alternative Ölexportroute eröffnet; bislang war das Land nahezu völlig auf die Leitung zum russländischen Schwarzmeerhafen Novorossijsk angewiesen. Dieses Vorhaben wird nun deutlich verlangsamt werden. Zum anderen dürfte der Plan, kaspisches Erdöl über Georgien und das ukrainische Odessa bis nach Polen zu transportieren (Sarmatia-Leitung) erheblich verzögert werden.

Insgesamt setzte Russland mit seiner Gegenoffensive ein Signal, dass die (wahrgenommene) Demütigung des Landes durch die Erweiterung der NATO, die Missachtung russländischer Interessen auf dem Balkan, durch den Aufbau eines Raketenabwehrsystems in Polen und Tschechien, die Errichtung von Militärbasen der USA in Bulgarien und Rumänien und durch das Unterlaufen der russländischen Vetomacht im Sicherheitsrat der UN (Kosovo 1999, Irak 2003) nicht mehr fortgesetzt werden darf. Russland hat nachdrücklich und energisch eine »rote Linie« gezogen.

Die Anerkennung der Unabhängigkeit Abchasiens und Südossetiens durch Russland war überraschend. Natürlich war sie von der russländischen Führung mehrfach angedroht worden, doch wurde kaum erwartet, dass es dazu kommen würde. Zum einen ist unklar, worin der Mehrwert der formalen Unabhängigkeit dieser Regionen für Russland liegt. Beide Regionen waren unter russländischer Kontrolle, wirtschaftlich völlig von Russland abhängig und den geostrategischen Interessen Russlands im Kaukasus auch ohne formale Anerkennung ausreichend nützlich. Nunmehr wird Russland erklären müssen, warum es im

Fall Abchasiens und Südossetiens das Recht auf Sezession unterstützt, den Kosovaren aber vorenthält.

Durch die völkerrechtliche Anerkennung Abchasiens und Südossetiens als unabhängige Staaten hat sich Russland international isoliert; nur *ein* weiterer Staat – Nicaragua – hat sich angeschlossen. Die belarussische Führung unter Lukašenko hat sich dem Druck Russlands, die »Staaten« anzuerkennen, nicht gebeugt. Russlands Versuch, China und die zentralasiatischen Staaten – mit denen Russland in der Regionalorganisation SCO zusammenarbeitet – zur Anerkennung zu bewegen, ist gescheitert.

Russland hat mit Abchasien und Südossetien diplomatische Beziehungen aufgenommen; außerdem hat Russland mit beiden Staaten Abkommen über die Einrichtung von Militärbasen abgeschlossen. Russland wird in beiden Regionen offiziell jeweils 3800 Soldaten stationieren.

Die Reaktionen der NATO, der EU und der USA

Innerhalb der NATO hat sich nach der militärischen Eskalation die Debatte entzündet, ob Russland von seiner militärischen Intervention abgehalten worden wäre, wenn die Allianz Georgien im April 2008 doch einen *Membership Action Plan* (MAP) angeboten hätte. Saakashvili hat dieses Argument vehement vorgetragen. Die deutsche und die französische Regierung hingegen wiesen darauf hin, dass die NATO in einen bewaffneten Konflikt mit Russland, ausgelöst durch eine unverantwortliche Aktion der georgischen Regierung, hätte hineingezogen werden können. Daher sei es richtig, in Bukarest gegen einen MAP für Georgien entschieden zu haben. Letztlich setzte sich die

Haltung durch, Georgien auf absehbare Zeit nicht näher an die NATO heranzuführen. Auf dem Außenministertreffen der NATO im Dezember 2008 wurde von Deutschland, Italien und Frankreich die Initiative der USA zurückgewiesen, die militärische Zusammenarbeit mit der Ukraine und Georgien außerhalb des MAP-Verfahrens zu vertiefen.

Möglich ist eine bilaterale Schutzverpflichtung der USA an Restgeorgien als »*major non-*NATO *ally*«. Dies wäre aber der Kohäsion in der NATO nicht dienlich und würde die Linie der USA fortsetzen, jenseits der Beistandspflicht nach Art. 5 des Gründungsvertrages der NATO bilaterale Sicherheitsabkommen einzugehen.

Unmittelbar nach der russländischen Intervention in Georgien hat die NATO die Kontakte zu Russland im Rahmen des bilateralen Konsultationsforums – dem »NATO-Russland Rat« – eingefroren. Bereits im Dezember 2008 aber hat die Allianz angekündigt, die Zusammenarbeit mit Russland »graduell« wieder aufzunehmen.

Die Europäische Union hat als Reaktion auf die militärischen Ereignisse in Georgien die Verhandlungen mit Russland über einen neuen Rahmenvertrag ausgesetzt, aber nicht abgebrochen. Polen, Schweden, Tschechien und die baltischen Staaten drängten auf ein schärferes Vorgehen – anfangs wurden sie darin auch von Großbritannien unterstützt. Frankreich und Italien, immer stärker aber auch Deutschland, drängten auf eine moderate(re) Linie.

Die EU hat sich in diesem Konflikt durch geschicktes Krisenmanagement ausgezeichnet – auch wenn die Vereinbarungen mit Georgien und Russland (12. August; 8. September 2008) wohl absichtlich unpräzise und interpretationsfähig waren. Unter dem Druck Frankreichs, Italiens und Deutschlands hat sich die EU im November 2008 bereit erklärt, die Verhandlungen über das Rahmenabkommen mit Russland wieder aufzunehmen; lediglich Litauen hatte sich widersetzt. Die EU beharrt damit nicht mehr darauf, dass sich die russländischen Streitkräfte auf die Positionen zurückziehen, die sie vor Ausbruch des Konfliktes innehatten.

Die schärfste Reaktion auf die militärische Intervention Russlands kam von der USA; deren Handlungsoptionen sind aber beschränkt. Der Handelsaustausch mit Russland ist gering, (verdeckte) Sanktionen daher kraftlos. Zwar ist der Beitritt Russlands zur WTO noch weniger aussichtsreich; aber dieser war auch bisher schon blockiert – nicht zuletzt durch Georgien. Die einzige wirksame Sanktion der USA war, eine Übereinkunft über die zivile nukleare Zusammenarbeit mit Russland zurückzuziehen; diese Vereinbarung hätte Russland erhebliche finanzielle Erträge eingebracht.

Die USA kann aber auf Russland nicht verzichten: Die ISAF-Mission, die von den UN mandatierte Mission zur Stabilisierung Afghanistans (*International Security Assistance Force*), und die Militäroperation »*Enduring Freedom*« in Afghanistan sind auf die Unterstützung Russlands bei Truppentransport und nachrichtendienstlicher Zusammenarbeit angewiesen. Russlands Mitwirkung an der nuklearen Nichtverbreitung, v. a. gegenüber dem Iran, ist unverzichtbar. Auf eine Verhärtung der Beziehungen könnte Russland mit dem Verkauf des Luftabwehrsystems S-300 an den Iran und an Syrien antworten; dies wäre für den Handlungsspielraum der USA und Israels im Nahen Osten verheerend.

Das russländische Kalkül, die Kosten des militärischen Vorgehens gegen Georgien geringer zu halten als die erreichbaren Vorteile, hat sich letztlich bestätigt. Der Schaden für das Ansehen Russlands wird dabei in Kauf genommen. Georgien ist abgestraft und der Westen bloßgestellt.

Völkerrechtliche Fragen

In der Georgienkrise wird von allen beteiligten Akteuren das Völkerrecht bemüht. Die Vorstellung aber, Rechtsnormen könnten das Staatenhandeln zwingend binden, ist höchst anfechtbar. Rechtsnormen sind das Ergebnis machtpolitischer Interessen starker Staaten; schwache Staaten ziehen daraus Schutz, den (militärisch) starken Staaten dienen Normen dazu, daraus Legitimität für das eigene Handeln abzuleiten. Im Kern der äußeren Souveränität von Staaten aber – der militärischen Sicherheit –, tritt die Rechtsbeugung durch starke Staaten immer dann ein, wenn vitale Interessen durch Rechtsnormen beschädigt werden.

Mit subtilsten legalistischen Begründungen wurde sowohl in der Frage der staatlichen Selbstständigkeit des Kosovo als auch Abchasiens der Rechtsbruch zu verschleiern versucht. Die Beugung völkerrechtlicher Normen galt für die militärische Aktion der NATO in Serbien (1999), die militärische Intervention im Irak (2003), die Anerkennung der staatlichen Selbstständigkeit des Kosovo (2008) und nun auch Abchasiens (2008). Natürlich kann es für die Rechtsbeugung unterschiedliche Motive geben, sie kann humanitär begründet oder macht- und realpolitisch als unvermeidbar angesehen werden; sie bleibt aber eine Verletzung völkerrechtlicher Normen und setzt Präzedenzfälle.

In der gegenwärtigen Debatte um die Anerkennung Abchasiens und Südossetiens aber ist die Zuflucht zum Legalismus nicht normen-, sondern interessengeleitet. Dabei werden die Völker, um deren Recht auf den eigenen Staat gestritten wird, zumeist ignoriert. Die Debatte über diese Völker strotzt zumeist von Unkenntnis über deren Erfahrungen im unabhängigen Georgien.

Aus den leidvollen Erfahrungen der Abchasen lässt sich ein moralisches Recht auf staatliche Selbstständigkeit ableiten. Nach den Erfahrungen mit dem georgischen Nationalismus, insbesondere aber nach dem gewaltsamen Rückeroberungsversuch Georgiens kann dies auch für Südossetien gelten.

Die Anerkennung der beiden Regionen als Staaten durch Russland aber ist Ergebnis machtpolitischer Kalküle, deren Verweigerung durch die EU und die USA auch. Die legalistischen Verschleierungsversuche geopolitischer Interessen sind daher nicht ernst zu nehmen. Die Abchasen sind dabei Spielmasse im Machtstreit zwischen Russland und dem Westen.

Nachwort

Russland hat in den letzten 18 Jahren eine sehr bewegte, aufwühlende Entwicklung erfahren, mit extremen sozialen Verwerfungen, wirtschaftlichem Niedergang, grässlichen Sezessionskriegen im nördlichen Kaukasus und einer politischen Elite, die sich dem Bürger nicht verantwortlich fühlte.

Die wirtschaftliche und soziale Stabilisierung der letzten Jahre ist noch immer nicht selbsttragend, sondern von vorteilhaften Entwicklungen für russländische Produkte auf den internationalen Märkten abhängig. Das Land ist durch externe Schocks – dem Preisfall für Energieträger und metallurgische Produkte auf dem Weltmarkt – erschütterbar. Darin zeigt sich auch ein deutliches Versagen der politischen Führung, die trotz des Wissens darum keine mutigen Schritte zur Diversifikation des Exportkorbes, aber auch keine moderne Industriepolitik betrieben hat.

Zu den drängendsten Missständen in Russland zählt noch immer die extreme und zunehmende soziale Ungleichheit: Auch wenn das durchschnittliche Realeinkommen in den letzten Jahren deutlich gestiegen ist, bleibt die Gesellschaft höchst inegalitär. Auch wenn die Zahl der Bürger, die unterhalb der Armutsgrenze leben, zurückgegangen ist, sind viele soziale Schichten von der wirtschaftlichen Erholung ausgeschlossen – vor allem ältere und kranke Menschen. Auch die Regionen Russlands entwickeln sich sehr unterschiedlich: In vielen Landesteilen ist die soziale Lage misslich und die wirtschaftliche Situation prekär. Darin liegen noch immer erhebliche Gefährdungen der staatlichen Kohäsion, die auch durch die Stärkung des Zentrums nicht ausgeräumt werden konnten.

Zu den dringlichen Aufgaben zählt auch die Modernisierung der veralteten und schadhaften Infrastruktur des Landes – des Straßen- und des Telekommunikationsnetzes, vor allem aber der kommunalen Dienstleistungen. Dies gilt vor allem für die Elektrizitäts- und Wärmeversorgung und die Wasserversorgung. Auch der städtische Wohnungsbau und die Sanierung der Gebäude lassen auf sich warten.

Im Bildungs- und Gesundheitswesen sind strukturelle Reformen weitgehend ausgeblieben, beide Bereiche sind chronisch unterfinanziert. Die medizinische Versorgung bleibt weiterhin nur kurativ, die präventiven Gesundheitsinitiativen sind spärlich. Lediglich in der Unterstützung der Familien und Kinder lassen sich Besserungen erkennen.

Die soziale Lage der russländischen Bürger hat sich zwar erheblich verbessert – allerdings ausgehend von einem desaströsen Ausgangsniveau. In diesen Bereichen ist noch viel zu tun. Dabei mangelt es nicht nur an finanziellen Zuwendungen, sondern auch noch immer an der Sensibilität der staatlichen Bürokratie, aber auch der politischen Führung.

In den nächsten Jahren wird sich auch zeigen, ob die autoritäre Verhärtung der Herrschaftsordnung in Russland nur ein transitorisches Moment war, das der erforderlichen Stabilisierung dienlich war, oder aber machtpolitischer Selbstzweck. Nicht auszuschließen, wahrscheinlicher sogar, ist die Fortschreibung der autoritären Entscheidungsmuster und der strengen sozialen und medialen Kontrolle, die die letzten Jahre der Ära Putin gekennzeichnet hat. Die russländische Gesellschaft könnte daran auch ersticken; die innovativen und kreativen Elemente und die aktive Teilhabe der Bürger am politischen Prozess würden dadurch austrocknen. Wenn die derzeitige wirtschaftliche und finanzielle Krise andauern sollte, ist eine Zunahme der autoritären Züge der russländischen Führung sehr wahrscheinlich. Repressive Herrschaft auf Dauer untergräbt aber ihre eigenen Fundamente.

Dies zu erkennen und dem gegenzusteuern ist die dringlichste Aufgabe für die politische Führung. Dabei wird sich zeigen, ob die duale Machtanordnung zwischen Medvedev und Putin dies eher befördert oder behindert, beide Szenarien sind denkbar.

Den russländischen Phönix gibt es, aber die Fesseln seines Ursprungs sind nicht gänzlich abgelegt. Auch ist sein Flügelschlag unstet, er zaudert und verlangsamt. Er ist auch nicht davor gefeit, abzustürzen. Wahrscheinlicher aber ist, dass unterhalb der Aschenreste der Glanz des Phönix immer sichtbarer werden wird.

Stichwortverzeichnis

Aeroflot, Fluglinie 104, 152
Afghanistan, Krieg 63
AIDS 42
al-Kaïda 70
Alkoholismus 42
Arbeitslosenrate 164
Armutsgrenze 89
Arsenal, militärisches 55ff., 213
   ballistische Raketen 193, 197
   Interkontinentalraketen 55f., 194f., 197
   Kurzstreckenraketen 197
   Langstreckenraketen 55, 191
   Nuklearsprengköpfe 55f., 191
   Nuklearwaffen 190f.
   strategische Bomber 55ff.
Auslandsverschuldung 163
Außenhandelsbank (*Vneštorgbank*) 104
Außenwirtschaftsbank (*Vnešekonombank*) 93

Baltic Pipeline (Erdöl-Pipeline) 188
Banken und Bankensektor 46ff., 85, 94, 161f.
Bevölkerungszahl, Rückgang 38f.
Bodenrechtsreform 93
Bruttoinlandsprodukt (BIP) 35f., 54, 84f., 87f., 91, 92
BTC, Erdöl-Pipeline 206

demografische Entwicklung 38ff., 89
Demokratiebewegung 18, 137
Drogenkriminalität 102

Elitenkartell
   unter Vladimir Putin (*semja*) 79, 107, 129, 139, 141f., 146
   unter Boris Jelzin 33, 96, 151

Entwicklungsbank VEB 91, 163
Erdgasförderung 86, 172ff., 179f., 186
Erdgaskonsum, in Russland 177ff.
Erdgaslieferungen in die EU 169ff., 181f.
Erdgaspreise 86, 161f., 176
Erdgasstreit, russländisch-ukrainischer 167, 169ff., 198
Erdöllieferungen in die EU 173ff.
Erdölförderung 86, 187ff.
Erdölpreise 86, 161f., 181
EU, Beziehungen zur 167ff., 207ff.
Europäische Bank für Wiederaufbau und Entwicklung (EBRD) 92f.
Extremismus, islamistischer 68ff.

Fernsehstationen
   Ostankino (ORT) 22, 32, 47, 131
   NTV („Unabhängiges Fernsehen") 32, 47, 131f., 147
   Pjervyi Kanal („Erster Kanal") 130, 147
   Ren-TV 132, 147
   RTR 32
   TR („Russländisches Fernsehen") 130, 147
   TV-6 132
   TVS 132
Fertilitätsrate 39f.
finanzindustrielle Holdings (FIG) 47, 134
Finanzkrise 9, 59, 77, 84f., 90f., 93, 154, 161ff., 177, 214
Föderalversammlung 24ff.
Föderationsrat 24ff., 29ff., 111, 113, 129, 139

Gazprom, Energieunternehmen 86, 93, 105ff., 132, 147, 150f., 157, 169ff., 177ff., 201
Geburtenrate 39f.
Georgien
 sezessionistische Konflikte 197ff.
 russländisch-georgischer-Krieg 153f., 198ff.
Gesundheitswesen 41ff.
Goldreserven 90

Hartwährungsreserven 90, 162f.
Hyperinflation 35

Identität
 russische 15
 staatliche 15ff.
industrielle Produktion 35
Industriespionage 81
Inflation 94, 164
Internationale Energieagentur (IEA) 177ff.
Internationaler Währungsfonds (IWF) 35, 85, 92, 135
Islamismus,
 in Tschetschenien 63ff.

Kaufkraft (*purchasing power parity*) 54, 85
KGB (Komitee für Staatssicherheit) 48, 81, 97, 98, 101ff., 105, 107, 119
Klientelismus 75
„Komitee der Soldatenmütter", NGO 53
Komsomol 134
Korruption 28, 58, 65, 81, 93, 128, 138
Kosovo-Anerkennung 200, 210

Krise
 soziale 13ff., 21, 23, 38, 39, 42, 158
 wirtschaftliche 17, 18, 39, 42, 153, 158, 162, 214
Kursk-Unglück 130f.

Lebenserwartung, durchschnittliche 40f.
Liberalisierung des Außenhandels 35
„*loans for shares*" 46f., 123, 135

Medien, elektronische 94, 114, 124f., 130, 134, 147, 202
Medienfreiheit, Einschränkung der 32
Medienkontrolle, staatliche 131, 164
Medienpluralismus 129ff.
Menschenrechtspolitik 138
Militärausgaben 53ff.
Militärreform 50, 57ff.
Ministerpräsident, Rechte und Kompetenzen 28f.

Nabucco, Erdgas-Pipeline-Projekt 184ff.
Naftogaz Ukrainy, staatliches ukrainisches Erdgasunternehmen 170f.
Nationaler Vermögensfonds 92
Nationalismus
 georgischer 197, 212
 russischer 15, 19
NATO 119, 191f., 199f., 204ff.
Nord Stream, Erdgas-Pipeline-Projekt 183f.
Nuklearenergie 175, 176, 177, 178f.

Oberster Sowjet 20, 21, 22, 23, 121, 127
OECD 179
Oligarchen 43, 45, 77, 131, 134
OPEC 187
orthodoxe Kirche 22
OSZE 191

„Pariser Club" 92
Pensionssicherungssystem 89
politische Parteien und Bewegungen
   Agrarpartei 116
   „Das andere Russland" 127, 128
   „Demokratische Wahl Russland" 121
   „Demokratisches Russland" 18, 121
   „Geeintes Russland" 113ff., 116, 129, 135, 143ff.
   „Gerechtes Russland" 129, 144f.
   „Jabloko" 23, 116, 123ff., 135, 144f.
   Kommunistische Partei (KPRF) 17, 114ff., 120, 129, 135, 144f., 148
   Liberal-Demokratische Partei (LDPR) 115, 119ff., 129, 144
   „National-Bolschewistische Partei" (NBP) 127
   „Rodina" 118, 120
   „Rechte Sache" 127
   „Rote Jugendavantgarde" 127
   „Union der rechten Kräfte" (SPS) 116, 121ff., 144f.
   „Vereinigte Bürgerfront" 127
   „Volksdemokratische Union" 127
   „Wahl Russlands" (VR) 121, 123
Preisfreigabe 35
Privatisierung staatlicher Unternehmen 35
   erste Welle 45f.
   zweite Welle 46

Raketenabwehrsysteme 190, 207
   ballistische (*Ballistic Missile Defence*) 190, 193ff.
Raubprivatisierung 43, 79, 122
Realeinkommen 37f., 213
Reallöhne 85, 88f.
Reformen
   bildungspolitische 153, 214
   föderale 109ff.,
   gesundheitspolitische 153, 214
   marktliberale 35f., 122f.
   soziale 153
   wirtschaftliche 13ff., 21, 37, 41, 84, 109, 162
Reformpolitik 10, 17
Reservefonds 92, 153, 162, 164f.
Rosneft, Energieunternehmen 93, 103, 152, 187, 201
Rote Armee 34
Rüstungsindustrie 43, 59, 192
Rüstungskontroll- und Abrüstungsabkommen 55, 190ff.
Rüstungskontrolle, strategische 190ff.

Säuberungen, ethnische 199
Scharia 64
Schattenwirtschaft 87
Schuldendienst 92, 93
„schwarze Witwen" 71
Selbstmordattentate 71f.
Sezessionisten 43, 61, 65, 69, 198ff.
Sibneft, Erdölunternehmen 136
Sicherheitsdienste 28, 33, 77, 97ff., 103ff., 140f., 149, 152, 156, 159
   Dienst für Auslandsaufklärung (SVR) 100, 102f.

219

Föderale Agentur für Regierungskommunikation und -information (FAPSI) 99
Föderale Behörde für Drogenkontrolle (FSKN) 97f.
Föderale Steuerpolizei 97f., 103
Föderaler Dienst für Auslandsaufklärung (SVR) 100, 102f.
Föderaler Dienst für Personenschutz (FSO) 100
Föderaler Grenzschutz (PSR) 99
Föderaler Sicherheitsdienst (FSB) 81, 98ff., 104, 110, 112, 131, 159f., 201
Militärischer Aufklärungsdienst (GRU) 100f.
Nationale Antiterrorkommission 99
Nationaler Sicherheitsrat (SB) 48, 80f., 97, 102, 110
Sicherheitsdienst des Präsidenten (SBP) 100
„*siloviki*", Gefolgsleute Vladimir Putins 100ff., 141, 152, 158f.
South Stream, Erdgas-Pipeline-Projekt 183f.
soziale Kohäsion 9
soziale Ungleichheit 89, 213
soziales Elend 17f., 137
Staatsduma 24ff., 109, 113, 115ff., 121ff., 128f., 135, 139, 144ff., 148
Staatsnation 16
Staatspräsident, Rechte und Kompetenzen 20f., 25ff., 30f., 109
Stabilitätsfonds 92
Sterberate 39ff.
Streitkräfte 33f., 43, 50ff., 61, 66f., 71ff., 75, 97, 100, 107, 110, 140, 193ff., 199, 201, 205, 210
Ausbildungsmethoden 52
Generalstab 55, 58f., 61, 100, 193
konventionelle Streitkräfte 50, 57
Kriegsmarine 54f.
Luftwaffe 54, 57
nukleare Einheiten 55f.
nukleare Parität mit den USA 50, 56f.
strategische Raketenstreitkräfte 55
Umbau 50
soziale Lage 51
Verfall 43, 50ff.
Strukturen, staatliche 13ff.

Tadschikistan, Bürgerkrieg 63
TAPI-Pipeline, Erdgas-Pipeline-Projekt 185
Terrorismus
islamistischer 66, 68ff.
Transkaspische Pipeline, Erdgas-Pipeline-Projekt 184
„Tri-Kata"-Affäre 98
Tschetschenien
Krieg 32, 60ff., 82, 123, 131
Unabhängigkeit 54, 61f., 73
Tuberkulose 42

UdSSR 11, 15f., 34, 48, 50, 93, 101ff., 116, 127, 134, 175, 197
USA, Beziehungen zur 167ff., 190ff., 201ff., 206, 208ff.

Vereinte Nationen (UN) 204
Sicherheitsrat 207
Verfassung 13, 20ff., 113, 139, 155ff.
Verfassungsgericht 23, 26, 29, 150
Vertrag über kollektive Sicherheit (DKB) 58

VSTO, Erdöl-Pipeline-Projekt 187, 188

Wahhabiten 64, 66, 68
Wahlrechtsänderung 24
Währungsabwertung 85f., 162f.
Wehrpflicht 51, 53
Weltbank 92, 164
Welthandelsorganisation (WTO) 210

Widerstand, islamistischer in Tschetschenien 67
Wirtschaftswachstum 84, 87f., 157, 164

Yukos, Erdölunternehmen 77, 103, 128, 134, 136

Zentralbank 161ff.
Zusammenbruch der UdSSR 11, 15f., 38, 50, 56, 190

POLITIK

Innenansichten aus China

Cornelia
Vospernik

China live

Alltagsleben
zwischen Tradition
und Hightech

192 Seiten
Format 13,5 x 21,5 cm
gebunden mit
Schutzumschlag
ISBN 978-3-218-00784-9
Kremayr & Scheriau

ORF-Korrespondentin Cornelia Vospernik erzählt in spannenden Reportagen vom Bauboom in den großen Städten, von bitterer Armut auf dem Land, von Kindern, die allein in der Provinz zurückgelassen werden, weil die Eltern Wanderarbeiter sind, u. v. m. China live: ein facettenreiches Bild eines Landes zwischen Reichtum und Armut, Hightech und Tradition, Wirtschaftsboom und politischen Repressionen.